后浪出版公司

乐业。

[日] **川村元气** 著

程 亮 译

山田洋次

泽木耕太郎

杉本博司

仓本 聪

秋元 康

宫崎 骏

糸井重里

筱山纪信

谷川俊太郎

铃木敏夫

横尾忠则

坂本龙一

四川人民出版社

前　言

"教练，我想打篮球。"

《灌篮高手》第七十一话。

误入歧途的三井寿向安西教练表露了心声。

这一幕令人感动。

我突然想到，现在自己能由衷地说出"我想工作"这句话吗？

我现在之所以工作，只是为了赚钱或争取社会地位，不是吗？

经过一番思考，我发现工作可以分为两种。

一种是以赚钱为目的的工作。

另一种是以乐享人生为目的的工作。

是的，工作的目的并非只有赚钱。

正因如此，早已富可敌国的史蒂夫·乔布斯从不曾停止工作。

对他而言，工作必定是乐享人生的一大手段。

以乐享人生为目的的工作。

为之花费再多的时间和精力也不觉辛苦，只盼望自己能够游刃有余，

乐在其中，工作量更是多多益善。

这样的工作，一定能为很多人带来幸福。

甚至足以改变世界。

就像三井寿向教练坦陈"我想打篮球"的心声后，经过刻苦训练，

带领队伍走向胜利一样。

成年以后的绝大部分时间，亦即活着的绝大部分时间，我们都在工作。

既然如此，比起为赚钱而工作，我更愿意为乐享人生而工作。

我渴望发自内心地高呼："我想工作！"

对于这样的"工作"，我更想称之为"乐业"。

以乐享人生为目的的工作，就是"乐业"。

说起来容易，做起来难。

我们会感到不安和不满，不知道当前的工作方式是对是错。

工作中尽是自己做不好、搞不懂的事。

总是陷入窘况，承受着人际关系的压力。

知道自己必须有所改变，却很难做出改变。

甚至连鼓起勇气也做不到。

我们真能从事以乐享人生为目的的"乐业"吗？

怎样才能抓住机会呢？

这个念头一起，我便开始启程寻找属于我的"安西教练"。

他们是工作在这个世界的第一线，通过"乐业"为世界带来乐趣的大师。

我问他们：

"像我这个年纪的时候，您在憧憬什么，思考什么，又是如何工作的呢？"

"如今回首过往，您经历了哪些痛苦和喜悦？"

"最终有何发现？"

果然，他们的话语之中满是关于如何乐享人生的"工作的教诲"，以及如何使世界变得更加有趣的"工作的启迪"。

我想通过本书，尽可能地将他们的原话呈现给读者诸君。

希望所有工作中的人读完本书，都能生出"我想从事乐业"的念头。

目　录

山 田 洋 次

欣然沉醉的感性比吹毛求疵的理性更重要。

山田洋次
Yoji Yamada

1931 年　生于东京。

1950 年　进入东京大学法学部就读。

1954 年　进入松竹电影公司任助理导演。

1961 年　首次执导电影《二楼的陌生人》。

1964 年　由鼻肇主演的系列电影第一部《完全笨蛋》公映。

1968 年　担任富士电视台连续剧《寅次郎的故事》（渥美清主演）的草案和编剧。

1969 年　电影《寅次郎的故事》公映，开启该系列。

1974 年　与桥本忍共同编剧、由野村芳太郎导演的电影《砂之器》公映。该片获"莫斯科国际电影节评委会特别奖"等多个电影奖项。

1977 年　由高仓健主演的电影《幸福的黄手帕》公映。该片获第一届"日本电影学院奖最佳作品奖"等多个电影奖项。

1991 年　由三国连太郎主演的电影《儿子》公映。该片获第十五届"日本电影学院奖最佳作品奖"等多个电影奖项。

1993 年　由西田敏行等人出演的电影《学校》公映，开启该系列。

1995 年　《寅次郎的故事》系列电影第四十八部作品公映，该系列完结。

2002 年　改编自藤泽周平原著的时代片《黄昏清兵卫》获美国"奥斯卡奖最佳外语片"提名。

2012 年　获颁文化勋章。

2013 年　导演生涯五十周年纪念作品、根据小津安二郎导演的电影《东京物语》翻拍的《东京家族》公映。

2014 年　由松隆子主演的电影《小小的家》公映。该片女配角黑木华获柏林国际电影节"最佳女演员奖"（银熊奖）。

※ 上述内容仅为部分工作。

预习

所谓学习，就是丝毫不差地照搬模仿

川村 晚辈以前曾因私事，蒙您折节下交，当时您给我讲了自己年轻时的故事，很有意思，能不能请您再讲一遍？

山田 我记不清是什么事了……

川村 比如您去黑泽明导演家里玩，见到他在看小津安二郎导演的《东京物语》，您很惊讶……

山田 那时我都五十多岁了。我看见黑泽聚精会神地盯着电视，里面正在播放小津先生的电影。望着他的背影，我心想，这辈子都得记住眼前这一幕。因为我三十多岁时，很看不起小津先生的作品。他的电影太古怪了，机位固定不动，没有划变，也没有淡入淡出，演员既不大叫也不大笑，光说些不咸不淡的台词，类似"今天天气真不错"这种。

川村 您以前常去黑泽导演家吗？

山田 我们的家都在成城①，离得很近，所以我常去他家玩，过年时还参加他的团队聚会。

川村 黑泽导演在聚会上都说些什么？

山田 主要就是忆往昔，都是些听过无数遍的老生常谈。（笑）

川村 您看完黑泽导演的新作品，会把感想直接告诉他吗？

山田 我怎么说都是他爱听的话。（笑）我在剧本创作方面的老

---

① 东京都世田谷区地名。

师，正是受到黑泽认可的桥本忍先生，而桥本先生是公认的电影剧本奠基者伊丹万作先生唯一的弟子。桥本先生年轻时曾说："伊丹先生是日本第一编剧，所以我决定对他不加批判地全盘接受。"从师学艺，或许就该像他那样，在一段时期内丝毫不差地照搬模仿。

川村 如此看来，尽管重视原创性的风潮正盛，但完全通过"仿学"（模仿＋学习）似乎也是可行的。

山田 我认为这是一种学习态度。任何一个匠人的工作，最初都是从模仿师父开始的。小津先生的《东京物语》里，随处可见"非此不可"的合理安排，而我拍摄的《东京家族》，就是对这部作品的直接模仿，连美术也不例外。其中有个场景，是母亲住院了，长子在医院走廊里冲着父亲和妹妹大喊"情况很不妙！"。这部分的镜头调度，和《东京物语》一模一样，但我没觉出丝毫不妥。

如今有必要学习小津和黑泽的高级感性

川村 不过在我看来，《东京家族》尽管是在"模仿"《东京物语》，但影片到了后半段，不管从哪里开始怎么看，都完全是您的风格。例如，妻夫木聪和苍井优的角色被刻画得很温暖，十分出彩，令我感受到了导演在个性上的鲜明差异。比起小津导演的作品，您的电影似乎多了救赎的意味，给人的印象是，您肯定对人类抱有希望，而小津导演则非常冷漠。

山田 我并非刻意要拍成自己的风格，只是每次都难以避免，或者说是势在必行吧。还有，你说小津先生冷漠，主要是因为他从小接受的是精英教育，虽非一流大学出身，却是东京平民区大批发商家的阔少爷，结交的都是地位显赫之人，着装品位也高级。听他们说哪家店的炸猪排好吃，我就会气愤地想：在这个粮食匮乏的艰难时期，怎能说出这种话呢？因为我是个穷小子嘛。（笑）黑泽也曾满不在乎地吃光一盘贵得吓死人的上等牛排。也就是说，战前的日本文化人属于精英阶级。这些高阶层人士的自我优越感的确令人生厌，但是在战后民主主义的熏陶中，他们身上的许多地方都变得平民化了，所以我认为，他们的一些东西还是有必要学习的。

川村 关于黑泽导演有个著名的故事，说他是剥削者。

山田 黑泽是个关注平民的导演，但他本人并不是平民。我曾听一个人讲，他和黑泽同坐出租车，黑泽问他"带没带钱包"，他答"带了"，黑泽就一把夺走他的零钱包，把钱统统倒了出来，只说声"这些应该够了"，就都给了司机。（笑）

川村 某种意义上，很符合他的形象。（笑）

山田 他不愿意数出准确的车费，觉得那样做没面子。

川村 这种作风在他的电影里也体现得淋漓尽致。

以观众能够"对话"而非"鉴赏"的作品为目标

川村 您以八十余岁高龄向小津这位大前辈"仿学",真是叫人既敬且畏啊。(笑)

山田 可惜小津先生在远比我年轻时就过世了。

川村 顺便问一下,您和小津导演共事过吗?

山田 没有。我年轻时根本不觉得小津先生的作品有多好,即使他叫我去当助理导演,我可能也会拒绝。

川村 了不起啊,导演。(笑)

山田 不过到了这把年纪,我就觉得,无论电影还是音乐,都可以全情投入地去欣赏,而非一味保持冷静客观。不是说孰优孰劣,只是在特定的年代,观众就曾选择前者。我想起小时候跟家里的女佣去看电影《路旁之石》(田坂具隆导演作品),她哭得泪流满面。对于年轻的她来说,那显然不是鉴赏,而是在与电影对话。

川村 在小津导演的电影里,情感总是像不断滴落的雨水,在观众心底渐积渐厚,最终在片尾达到满溢。

山田 是的。小津作品有着奇妙的韵律和氛围,会慢慢渗入观众内心。就像初次观看渥美清先生演戏时的感觉一样,观众在看"寅次郎"的时候,尽管看的是渥美先生的表演,但其实也是在同他本人的人格进行直接接触。如此一来,对话便产生了。所以,小津先生的拍摄手法正是我今后的目标,这与我此前的态度有些不同。简单来说，就是要拍得更加精细入微。不论是电影、文学还是其他任何艺术形式，凡是杂乱无章的作品，都不免在角色的刻画上存在许多破绽。

欣然沉醉的感性比吹毛求疵的理性更重要

川村 从精细的意义上讲，《东京家族》的镜次就有所增多吧？

山田 虽然没有增多，但我从小津先生那里学到一手，就是拍摄老夫妇出门后空无一人的房间。在威廉·惠勒导演的《罗马假日》的最后一幕，格里高利·派克望着奥黛丽·赫本离去，赫本的身影消失不见后，给了派克特写，然后是派克退场后的镜头，也就是"空舞台"……我拍摄《东京家族》，就参考了这样的节奏。对于小津先生而言，惠勒很可能也算是他的老师吧。

川村 也许惠勒和小津导演确实有共同点呢。

山田 不过，《罗马假日》首映后引起热议的时候，我才二十出头，当时觉得这片子的故事情节毫无社会性可言，不明白这种公主和记者的腻味爱情片到底好在哪儿，心里无法接受，就忍不住在片场当众扬言："这不就是爱情肥皂剧吗？"结果，前辈导演用"你这个自大的小子"般的目光看着我，说："尽管公主在会场上只做了官方发言，但观众听见的是深邃而热烈的爱的私语，那正是导演功力的体现。你还是再看一遍好好学学吧。"于是，我又在满员的剧场里重新看了一遍，才终于明白，沉默之中自有千言万语。那些镜头并非毫无意义，其目的是勾起观众心里的某种思绪。

川村　可是，血气方刚的年轻人即使被前辈教训，通常也不会老老实实地改过吧？比如换成是我，就会觉得太无聊，不会看第二遍。

山田　这么说来，这个倒算是我的长处了。（笑）

川村　在我看来，推翻自己的意见是需要勇气的，但如果不加深思就贸然批判或赞美，可能会忽略某些重要的东西，对吧？

山田　你们这代人的一些共通之处，我猜不透，我们那代人只会一味地批评别人的电影。但我后来觉得，欣然沉醉的感性比吹毛求疵的理性更重要。讥讽这个导演是蠢货，嘲笑那部作品拍得差，这样断言或许显得自己很有水平，叫人沾沾自喜，但这种人反而大多无才。

川村　也就是说，青年山田批评小津前辈的做法很无知。（笑）

山田　编剧山田太一先生也曾说过："为什么年轻时没能感受到小津作品的魅力呢？现在才知道拍得有多好。"有时候，我们必须承认自己以前不喜欢的东西其实很棒，这一点非常重要。

不懈苦战，让《寅次郎的故事》企划得以通过

川村　说起来，直到三十岁以后，我才好不容易懂得如何工作了，却又对未来感到了隐约的不安，或者说是一种停滞感。您在我这

个年纪的时候，也有过烦恼期吗？

山田　我们那时候的安排，是每两个礼拜必须拍一部电影，尽管企划和剧本跟不上，也得胡乱拍点儿东西出来。这么一来，电影的信誉也就荡然无存了，所以那段时间真的拍了不少特别差的片子。拍"寅次郎"之前，我在定期拍摄由鼻肇主演的喜剧系列，可是观众越来越少。有一天，时任松竹集团董事长的城户四郎先生叫我过去，问我接下来准备拍什么，我心虚地说："最近我的作品吸引不了观众。"城户先生却说："招揽观众是营业部的工作，你不用担心这些。"我才松了口气。可以说，他的话拯救了我。顺带一提，"寅次郎"一炮而红之后，城户先生立刻把我叫了过去，从自己的钱包里掏出钱，笑着递给我说："太好了，太好了！你和工作人员去吃顿关东煮什么的吧。"看得出来，他是真的高兴。

川村　现在的电影数量比以前少了，而且不光是电影，整个日本社会的各行各业，都害怕出现一蹶不振的情况，所以格外小心翼翼。在这样的环境下，身后没个可信赖的靠山，就无法放胆尝试更大的挑战。顺便问一下，您在三十八岁时执导的《寅次郎的故事》，企划是如何通过的？

山田　三十多岁时，我经常兼职写电视剧剧本。《寅次郎的故事》系列在富士电视台播出，最后一集，我让渥美清先生扮演的寅次郎在奄美大岛被毒蛇咬死了，结果引起观众的强烈抗议，所以我打算让寅次郎在电影里复活，算是对观众有个交代，就向上头提交了企划，没想到竟被毫不留情地驳回，说我"怎么能把电视剧的情节再用到电影里呢"。不仅如此，上司还在退回来的剧本背面写了一句批语——"蠢笨的丑男爱上美女又失恋的情节平凡至极。"

川村 嗯,他说得没错。(笑)

山田 是的,确实没错。所以我没有感到不快,只是觉得:"没错,是很平凡,但我就是想拍平凡的电影!"

川村 小津导演的作品更平凡。(笑)

山田 就是嘛。(笑)

"有人志在必得"的企划,定然与众不同

川村 企划最终得以通过,肯定少不了许多人的大力推动,那么您在当时,是那种从不放弃的进攻型吗?

山田 为了说服有决定权的城户先生,我曾在董事长办公室的门外久久徘徊。我还去见了持反对意见的部长,同他展开激烈争论,质问"是你这家伙反对吗?"。他支支吾吾企图辩解,但我觉得他的反对很不负责任,因为失败的电影当然是占绝大多数的。

川村 您的做法真是令我勇气倍增啊。顺带一提,我为《告白》和《恶人》这两部电影做企划的时候,也曾对拥有决定权的人做出类似的事,惹怒了高层。(笑)

山田 那样的电影,是该先反对的。(笑)

川村 但是东宝的董事们说:"电影看起来很古怪,但好像又会很有趣,所以你就去拍吧。"

山田　什么事情都是这样。譬如在第二次世界大战刚开始的时候，如果有人说"快停止战争吧"或"快投降吧"，其余人肯定会大吃一惊，怒目相向。不是吗？集体决策的问题就在这里。不过话说回来，由独裁者决策也有危险。

川村　所以说，企划要有一个志在必得的人。

山田　所有人都表示反对、唯有一人志在必得的方案，成功的概率反而更高，会让人觉得"既然那家伙如此坚持，说不定真能成功呢"。最终决定将《寅次郎的故事》拍成电影的人，是董事长城户先生，但他当初并不看好这个企划，大概是被我的坚持打动了吧。

川村　我也曾受益于这样的上司。在我看来，那种"似乎有可能成功，但不确定有谁想做"的东西，是绝对不会成功的。换句话说，关键在于能不能遇见"不管别人说什么我都想做"的东西。

山田　有时即使遇见了想做的事，收获成果也需要时间。我和桥本忍先生共同编剧的电影《砂之器》，最后规模变得过于宏大，超出了当时日本电影的预算，不得不沉睡了十多年。还有《学校》那部影片，也是过了十八年才得以公映的。

在"无卡禁入"的环境里，难以诞生有趣的企划

川村　我曾和许多电影导演共事，我问他们"当今日本最优秀的

编剧是谁",他们都回答"是山田洋次"。

山田 啊?（笑）我以前也想过，自己反正当不好电影导演，就当个编剧好了。

川村 您和桥本忍老师共同创作剧本的时候，是交互着写吗?

山田 场景摘要（情节确定后，在写入剧本之前先划分场景，并写出各场景的简单内容）是我俩一起交流，由我来写，桥本先生负责校对。小摘要（更细致的场景摘要）也是由桥本先生参考我写的东西去写。有趣的是，比如这样一幕场景——主人公在寿司店的柜台前说："前些天说的那件事……"这要写起来，就得从主人公走进店里的地方开始写起，先跟老板客套一番，然后再说"前些天说的那件事……"。总之就是方方面面都要尝试去写，比如是什么样的店铺，老板是老头子还是女掌柜，是忙是闲……什么都可以写。

川村 也就是通过构建所有人物的行为，来检验主要人物的台词是否恰当?

山田 就是要看角色性格能否跃然于纸上。不过写完一看，我的台词往往不堪一用。

川村 那可完了。（笑）但不管怎么说，您还是和优秀的老师们共事过的。

山田 的确，我和黑泽先生那样的世界巨匠变得亲近，跟桥本先生学习编剧，恰好是在三十多岁的时候，就像你现在这个年纪。

川村 在我看来，必须随同大师一起工作，用心去记，才能有所收获。可我发现，现在鲜有这样的机会，而且不仅限于电影界，日本文化本身正在失去前后辈之间的交流。

山田 是啊。沙龙已经没了。现在的电视台，没有员工卡就不让进，而我年轻那会儿，经常溜达到电视台，和相识的导演边喝茶边聊天，谈话涉及的内容非常有趣。如今的管理环境，严重限制了好作品的诞生渠道。

川村 我也不喜欢门卡。当然，安保工作是有必要的，可我总觉得这样一来得不偿失。

山田 导演和制片人必须一块儿喝酒，这样的关系不仅限于电影公司，无论哪个业界，都存在许多类似"星期几去某某酒吧，就能遇见某某人"的事，而这是必不可少的。

争吵有助于发现尚未察觉的事

川村 顺带一提，导演和制片人的关系其实很微妙。比方说，我想弃用某部分剧本的时候，惹得导演大怒，这时导演反而会更加郑重地考虑那部分剧本应该如何修改。由此可见，触怒导演的时候，能使对方真正重视的东西显露出来。

山田 导演和制片人必须经常争吵，因为各自都有许多没注意到的事情，而冲突有助于发现这些问题。

川村 关于这一点，我想做更深入的挖掘。说得直白一些就是，我想挖掘连导演也没意识到的东西，尽量找到那种"这个不错，但那个更有趣"的事情。

山田 原来如此。

川村 不过，这次跟您聊了这么多，我竟然不知天高地厚地觉得，您简直就是和我同一辈的竞争对手。

山田 哈哈哈哈。

川村 我被您不断渴求进步的态度刺激到了，真是好生后悔呀。（笑）

山田 可以当竞争对手嘛。（笑）

（2013 年 1 月，于东京祖师谷的青柳）

复习

据说，"学习"与"模仿"是同源的。

在如今这个"原创性"一词显得很高级的时代，山田洋次以八十一岁高龄，挑战《东京物语》的翻拍，向小津安二郎学习。

三十多岁时，为了使遭到反对的电影《寅次郎的故事》的企划得以通过，山田洋次与公司高层反复展开谈判。这个曾像现在的我们一样苦战的青年，从以前到现在，一直在向黑泽明、桥本忍、野村芳太郎、小津安二郎等人学习。或许正是山田洋次的这种学习不辍的态度，使他如今年逾八十，仍然活跃在电影导演的第一线。至于我等更不必说，还有许多东西需要"仿学"。

在访谈过程中，山田洋次一次也没提及"我拍出了怎样的电影"，而是一直在不断强调"我今后想拍怎样的电影"，并且反复问我："你看了那部电影有何感想？""你是怎么制作出那部电影的？"

这位大我五十多岁的大前辈，仍在不断追求进步。我们必须学习的，或许正是他的这种态度。

泽木耕太郎

我在哪一行都是门外汉，而且还要一直做下去

泽木耕太郎
Kotaro Sawaki

1947 年　生于东京。

1965 年　进入横滨国立大学就读。

1970 年　作为纪实作家，凭借《驻防战士布鲁斯》出道。

1973 年　首部纪实作品集《有实力的青年们》出版。

1978 年　描写真实暗杀事件的受害者与少年凶手之间纠葛的《恐怖行动的决算》出版。该作品获"大宅壮一纪实文学奖"。

1981 年　描写职业拳击手卡修斯内藤于东山再起的前一年生活的《一瞬之夏》出版。该作品获"新田次郎文学奖"。

1982 年　随笔集《路上的视野》出版。

1985 年　随笔集《波旁街》出版。该作品获第一届"讲谈社随笔奖"。

1986 年　乘巴士从印度德里旅行至伦敦的游记《深夜特急：第一班车》《深夜特急：第二班车》出版。

1992 年　《深夜特急：第三班车》出版。

2003 年　获第五十一届"菊池宽奖"。

2005 年　描写独攀登山家山野井泰史挑战喜马拉雅高难度雪峰格仲康峰的《冻》出版。该作品获第二十八届"讲谈社纪实文学奖"。

2013 年　针对战地记者罗伯特·卡帕的"倒下的士兵"辨明真伪的《卡帕的十字架》发售。该作品获第十七届"司马辽太郎奖"。

※ 上述内容仅为部分工作。

预习

1	有了小孩以后，工作方式变了吗？
2	三十岁之后的"工作规矩"是什么？
3	自由的工作风格是如何获得的？
4	您面对新挑战时，是怎样的心境？
5	旅行还是独自一人为好吗？
6	《一瞬之夏》《深夜特急》《冻》，这些作品着眼点的秘密是什么？
7	理想的工作团队应该是什么样子的？

"富于社会性的创新"是三十五岁以前的规矩

泽木　这次采访的理念，就是要听听我们在你这个年纪时的故事，对吧？

川村　是的。我这次的企划，也是受到了您在 1973 年，也就是二十六岁时出版的《有实力的青年们》的影响。当时您仅二十岁出头，就能果敢地采访小泽征尔、已故的市川团十郎等超一流的前辈大师，真的令我十分钦佩。那么年过三十以后，您的生活又是怎样的呢？

泽木　显然，我遇到了人生的转折点。在二十五岁前后，我开始创作不同于纪实作品的随笔，大约三十五岁的时候，我将那些随笔汇集成册出版了，也就是《路上的视野》。这本书涵盖了十年间的作品，所以很厚，有五百页。在编辑的那半年里，我仿佛清晰地看见，自己的工作进入了另一个阶段。再加上后来有了小孩，出于这两个原因，我感到以三十五岁为界，前后人生变得截然不同了。

川村　也就是说，包括私人生活也改变了？

泽木　你有小孩吧？

川村　我在三十岁当上了爸爸。

泽木　正如刚才所说，我在三十五岁有了孩子，孩子出生仅一周，我就外出旅行了，三个月后回家一看，孩子已经长得很大了。我跟《朝日新闻》的著名记者疋田桂一郎先生谈起这件事，他说："你真是个不幸的人，没能亲眼见证孩子最好的时光。"我认为他说得完全正确，于是就改邪归正了。（笑）从那以后，我的生活方式和作息时间都变了：孩子起床的时间我就起床，孩子睡觉的时间我也睡觉。即使头天晚上喝了酒，次日凌晨才回家，我也会在孩子醒来的六点钟起床。还有工作方面，我在三十五岁之前的年轻时期，写完了《恐怖行动的决算》《一瞬之夏》等基本作品。在我的感觉中，从那以后的工作与逞强好胜、盛气凌人的早期作品有了些许不同。

川村　《深夜特急》是多少岁写的来着？

泽木　三十九岁。但那也算不上创新，是我边回顾过去的旅行边写出来的。我至今仍记得，自己当时一边写，一边发自真心地觉得"这种东西谁会读呀？恐怕只有编辑和我的家人吧"。只不过，我身上有一些工匠气质，对待任何事情都不会偷工减料。也就是说，三十五岁以前，富于社会性的创新是我工作的绝对基准，而在那之后，不偷工减料就是唯一的准则了。

川村　我是在《告白》和《恶人》之后，感觉到工作进入另一个阶段的。在那之前，我也一心想以强硬的姿态在世人面前亮相，不鸣则已，一鸣惊人。如今并不是说完全没了那样的想法，只是从那以后，我变得能在行动之前更加客观地审视自身了。有时候，我觉得自己能稍微预估到"像这样拍，就能拍出这种程度的影片"。但是，我讨厌依循所谓的正确做法按部就班拍出的电影，最终还是会被离经叛道的作品所感动。因此，我现在尝试写小说和绘本，策划这样的访谈，开始有意识地挑战自己从未涉足过的领域。我觉得，不走出去瞧一瞧，是发现不了自己正身陷无聊之中的。

泽木 可是，从事某样工作，一旦有了相对化的眼光，发现以前的观点并不绝对，就可能难以在该领域一直深入下去了。

有些事情，即使明知不可为，也得试一试才甘心

泽木 漫画《明日之丈》中有这样一幕——阿丈与何塞门多萨对决前夕，白木叶子劝他不要上场，阿丈却说："我明白，但那不重要。"此时此刻的阿丈，终于从少年变成了大人。也就是说，即使明知道成为大人可能伴有危险，可能犯错，也得试一试才甘心。从这个意义上讲，你也很爱凑热闹呢。

川村 的确有人劝过我说："如果目前进展顺利，就别胡乱行动。"

泽木 假如我遇见年轻时的自己，看见他像现在的你一样手忙脚乱，我可能会对他说："做与不做，结果都一样。"（笑）

川村 那岂不是注定徒劳无功啦。（笑）

泽木 当然，有些事情不试试是不知道结果的，在这种情况下就可以说"但那不重要"。不过，既然选择踏上新的道路，就要做好心理准备去承受猛烈暴风雨的洗礼。

没有偶然因素的推动，就无法变得更好

川村 泽木先生，您给我的印象是，身为纪实作家，却一直在通过不同于纪实文学的创作方式来探求"什么是纪实"。关于《一瞬之夏》和《深夜特急》，恐怕当时就存在是否属于纪实作品的争议吧？当然，现在它们已经成为一种独立的体裁了。我之所以仰慕您，是因为我自己也一直在探索如何拆解、质疑电影，尽管有些手忙脚乱。我一直都在思考"电影是什么"。

泽木 原来如此。不过，看了你迄今为止所拍的电影，还有你手忙脚乱的样子，我的想法是："虽然很不错，但只限于日本，在世界范围内有竞争力吗？"这句话很刻薄，但它也把矛头指向了我自己——在纪实文学的范畴，我的作品基本上也是局限在日本国内的，打不进欧美圈。在这种情况下，我在 2013 年出版的《卡帕的十字架》，就暗含了出口海外的意图。或许可以说，这是我现在创作纪实作品的动机之一。

川村 在《卡帕的十字架》中，您不仅发现战地摄影记者罗伯特·卡帕的成名之作"倒下的士兵"并没有死，还推理出那幅照片并非出自卡帕之手。这本书是在已经找到真相的基础上才开始写的吗？

泽木 我对那张照片始终存疑，总想着得找个时间写写清楚。执笔之初，我并没有找到答案，所以最后的核心部分可能很含糊。不过，由于写到最后篇幅很长，原本预定刊载的《文艺春秋》无

法立刻登出，只能等待在不限字数的新年特刊上发表，于是这本书就沉睡了半年之久，而在此期间，我又有了新的发现，得以将最后的核心部分补全。一切作品都需要偶然因素的推动，不然就无法变得更好。我的那本书，或许就是一个典型的例子。

川村 而且，您以六十五岁高龄，通过举世闻名的卡帕，找到了进军全球的机会。

泽木 尽管难度很大，但我还有时间。（笑）我觉得，既然能在日本得到认可，那么也理当具备了被世界接受的资格，而且直接向世界发出信号，应该也是有意义的。

川村 要是写关于日本人的作品，在欧美行不通吗？

泽木 以前，在美国著名周刊杂志日本分社工作的一个美国人说："能用来点缀读物卷首的日本人只有两位。"我问是谁，答案是"昭和天皇和岸信介"。也就是说，只有这个级别的人物，才撑得起世界性的主题。

怎样才能活得"自由"？

川村 迄今为止，您从来没对纪实创作感到厌倦、不安或气馁吗？

泽木 我想没有。我的心理状态本就一直是平的，既没有振奋，也不会失落。我女儿常用鄙夷的语气说："老爸你可真够稳的。"（笑）

川村 说起来，我也算是心理很少出现波动的人，但我觉得，连不安和气馁的感觉都没有，也许反而说明自己很软弱。

泽木 我只是觉得，把自己对某样事物有所感触的精神状态毫不掩饰地展现给别人，并不是一件值得称道的事。以写作界为例，作家以恣意妄为或蛮不讲理的态度对待编辑，似乎已经得到了默许，但我最讨厌这种事，不管是借的钱还是采访费，我都想算得清清楚楚。这样做也是为了增加自己的自由度，因为如此一来，就不想因欠债而被束缚，会一直琢磨怎样才能活得自由。

川村 说到自由，总给人一种"毫无顾虑，一往直前"的感觉，但要想获得真正的自由，关键在于抢得先机，经过深思熟虑后提前做好准备。

泽木 我从事写作四十三年了，大概只有八部长篇作品。也就是说，四五年才能写一本。反过来想，我拥有多么宽裕的写作时间啊。可以说，为了获得高度的自由，我一直在做该做的事。

独自旅行，在窗外的风景中看见"自己"

泽木 顺便说一下，刚才你问我是否曾对纪实创作感到厌倦，我觉得自己一直是乐在其中的，但也并非全无其他愿望。打个比方，若说依着自己的喜好，在夜空中创造出星星并使之形成星座是虚构，那么将夜空中已经存在的星星连起来形成星座，就是非虚构，也就是纪实。我当然会有自己创造星星及星座的想法，而且这个想法至今仍未放弃。

川村 电影的制片工作，也是在确立"把那颗星星和这颗星星连起来，让那个故事和这个演员或导演相遇，就能形成美丽的星座"这一假设后才开始的。

泽木 纪实创作的确和制片很像。但是对你而言，写小说则是另一回事，还是得考虑将来怎样回到制片上去。

川村 我会好好回去的。（笑）其实我经常为了回归制片而写作，这与旅行方式也是相通的。我十几岁时就拜读了您的《深夜特急》，从香港开始旅行。如今，我还每年都当背包客独自旅行呢，而旅行的目的，似乎就是为了发现身处当今日本电影界的自己究竟是个什么人。

泽木 不管是巴士、飞机或酒店，都有窗子，向外望去就能看见风景。然而很多时候，我们会在不知不觉间，从窗外的风景中看见自己，尤其是独自旅行的时候。

川村 就是说，旅行非得一个人才行。

泽木 如若不然，似乎就没有深刻的体会。

川村 和别人一起旅行，感动也会减半呢。

泽木 那可难说。要是男人身边有一位漂亮的女性，或是女子身边有一位帅气的男性，两人双双赞叹"景色真美啊"，不是更能加深感动吗？

川村 至今令我感动的景色，都是在独自一人时见到的。我总是会被毫无期待之下突然偶遇的景色所感动，而不是那些观光胜地。

对我来说，一生的主题其实就在那里，我希望独自感受那些日常生活中容易忽略的瞬间。

泽木　那可真是足够个人化的体验，和电影也有关系吗？

川村　制作电影时，我也会一直努力让自己的心情接近美丽的景色，直到最后的最后。若是导演的拍摄或演员的表演好得超乎想象，我就会为之感动。通过写小说，我曾体会到，电影的魅力就在于与人身体上的交流。

咬紧牙关努力三年，完成足以取代名片的工作

川村　从独自一人的角度来说，电影剧本是在多视角下完成的，而您的书抵达了只有独自一人才能去到的地方，无论哪部作品都不乏着眼点，实在令人佩服。

泽木　我对多人合作的工作也有不小的憧憬。除了写作，我还偶尔参与电视台纪录片的摄制工作，会接触到我一个人绝对想不出的智慧。我想，只要是多人一起工作，每天都会遇到这样的事。这就像一种毒品似的。不过关于写作，我还是希望全部由自己来做，可能是因为我不想与别人分享其中的乐趣吧。

川村　正如您先前所说，您就是一位工匠。

泽木　我从家里走到办公室大约需要四十分钟，一路上我会思考重要的事，直到坐在书桌前，然后的确就是工匠式的体力劳动了。

川村 办公室里没有别人，肯定很自在吧?

泽木 办公室里没有别人，有电话打进来说"请帮我转泽木老师"，我说"我就是泽木"，对方往往都会被吓一跳。(笑)我工作时向来不用别人，也不曾组成团队，采访也是我一个人做。总之我想自由行动，说得极端些，就是希望能以自己喜欢的方式，在没有任何人干涉的情况下，完全独自掌控自己感兴趣的事。话说回来，有一点很重要，那就是我在三十五岁前为此打好了基础，所以"接下来能够自由行动，而且让别人无话可说"。也可以说，为了获得自由，我在三十五岁之前忍受了若干的不自由，比如金钱方面。在生活中，我并不是什么都想尝试，在工作上，也会基于原则推掉绝大部分工作，尽量通过无为来保持自我，然后决定自己的方向。

川村 除了激情之外，您对待工作还很客观。

泽木 然而我也想过，比如现在年轻的自由撰稿人，为什么不能坚忍一段时间，做成一件大事呢?若能咬紧牙关坚持三年，完成足以取代名片的工作，自然就能由此开拓自由之路了。可是现在的年轻作家们，很少有这样的毅力。

我在哪一行都是门外汉，一直都是

川村 与您一脉相承的纪实作家，目前出现了吗?

泽木 有像角幡唯介先生一样以冒险为主题的，也有像石川直树先生一样擅长利用照片的，但像我这样毫无专长的作者，可能还是比较少的。我在哪一行都是门外汉，一直都是。毫无专长是我最大的长处。譬如，我曾一脚踏进拳击的世界，一年后走出来，并没有成为搏击专家。我还因创作《卡帕的十字架》而向一位摄影师征求意见，对方惊讶地说："泽木先生，你对摄影还真是一无所知啊。"

川村 这一定就是泽木耕太郎的大众感。因为绝大多数人都不了解某个特定的世界，所以您作为永远的门外汉，能和大众保持绝对一致的水平线。

泽木 可能也有这部分因素吧。

川村 还有，以自己的方式自由工作的人，现在都被称为"自由职业者"，而您可以说是最早的自由撰稿人了。

泽木 我从没想过要去大众传媒行业工作，但常有长者告诫我说："不在报社或出版社工作一回，自由撰稿人的路是走不通的。"然而最终，我还是成就了自己的工作方式。但也正因如此，没有既存的范本，没有理想型，只能一直自力更生，创造自己的生活方式样本。

川村 比如您在三十五岁的时候，想象到自己现在的样子了吗？

泽木 完全想象不到，而且我也不会去做那样的想象。我从没考虑过自己要怎样活着。我只是觉得，对于正在做的工作不能偷工减料，这是自己和为数不多的读者之间的约定。翻译、编辑别人的书，写些小随笔或长篇，为挚友的项目提供帮助……对我而言，这些事情很重要。因此，一份工作有时要花一年之久，结束之后我会感到特别开心，然后只需要考虑接下来的事情就好。我觉得，我的工作就是如此不断的累积。

擅长单打独斗的人结成的团队会很强大

泽木 川村先生，你在工作中经常组队吗？或是总和固定的人一起工作吗？

川村 基本上是根据不同时期的企划，自由组成合适的团队。每次都是一个项目结束，团队就解散。

泽木 用我的话来说，比如我写的《冻》那本书，主角很了不起，是独攀登山家山野井泰史，他进行的是"阿尔卑斯式登山"，即带上最低限度的装备，在几天之内登顶并下撤。不过，有些山是一个人登不了的，此时就该由具备独自生存能力的人结成团队，这是达成目标的最佳方式。因此，关键在于"要掌握无论身在何处都能独自生存的能力"。要提前做好准备，以便随时接受新团队的邀请，我觉得这是理想的生活方式。当然，由于大家的个性很强，有时可能难免发生争吵。

川村 我的基本团队，只有导演、编剧和我三个成员。这种程度刚刚好，我无论如何也难以想象自己领导数百名员工的场面。

泽木 那也是一个团队，你虽然是上班族，但也赢得了某种自由。

问题在于，经常存在那种只有依赖团队才能生存的成员。

川村 如果团队里存在那种以进入团队为目的并为此感到满足，企图坐享既得利益的人，我也会感到心烦。

泽木 但要是冷漠地抛弃这种人，就无法成为团队的领袖。我本就无意于此，所以无所谓，可你呢？（笑）

川村 就目前来说，我宁愿抛弃他们……

泽木 关于三十五岁这个年纪，我最后还想说一句：在到达这个岁数之前，男人最好能找个女人，肩负起她的人生。

川村 不愿承担结婚责任的家伙就不行了。

泽木 一般来说，只要通过爱情这个媒介，反复组成、解散"二人团队"，在三十五岁前后就会迎来一次结婚的机会。但是，如果一个人以忙碌或理想为由拖拖拉拉，不去认真面对对方，这么做肯定有害无益。因为他完全可以暂时接受对方，如果实在不行，中途折返就是。

川村 我还是希望自己尽量不要折返。（笑）

（2013 年 3 月，于东京涩谷的蓝塔东急酒店）

复习

什么是虚构？什么是人性？

泽木耕太郎的作品，以其强大的采访能力和文笔，将这两个问题不断推到我们眼前。从《一瞬之夏》《深夜特急》，到《卡帕的十字架》，他为我们清晰地呈现了纪实超越虚构的一个个瞬间。

他既冷静从容地说过"我在哪一行都是门外汉，一直都是"，也热情洋溢地说过"为了获得自由，请咬紧牙关努力三年，去完成足以取代名片的工作吧"。

访谈结束后，我们喝着葡萄酒一起用餐。

卡帕、拳击、独行……我们畅谈了许多话题。最后，我向泽木耕太郎询问理想的工作方式。

他说，关键是要掌握无论身在何处都能独自生存的能力，并提前做好准备，以便随时接受新团队的邀请。

他的声音柔和，目光却很严肃。

望着这位拥有外行眼光和工匠技术的独攀者的身影，我暗下决心：总有一天，我也要成为一个独攀者，当攀登高峰的团队向我发出邀请时，我要能昂首挺胸地加入其中。

杉 本 博 司

该做的事，只存在于自己的原体验中。

杉本博司
Hiroshi Sugimoto

1948 年　生于东京。

1966 年　进入立教大学经济学部就读。

1970 年　于洛杉矶艺术中心设计学院学习摄影。

1974 年　移居纽约。领取奖学金的同时进行摄影创作。

1976 年　发表以纽约自然历史博物馆的动物模型为主题的《立体布景》系列。其中一幅照片被 MoMA 购入收藏。发表以全美电影院银幕为主题的《剧院》系列。

1977 年　于东京南画廊举办首次个人作品展。

1980 年　发表以世界各地大海为主题的《海景》系列。

1981 年　于纽约索纳班画廊举办个人作品展。其后至今，已在国内外多家美术馆和画廊举办个人作品展。

1997 年　发表刻意使用失焦手法拍摄建筑的《建筑》系列。

2001 年　获哈苏基金国际摄影奖。

2002 年　完成香川县直岛町的《护王神社——适当比例》设计、改建项目。

2008 年　创立新素材研究所，亲自负责建筑、设计业务。

2009 年　获第二十一届"高松宫殿下纪念世界文化奖绘画部门奖"。设立公益财团法人"小田原文化财团"。

2010 年　获颁紫绶褒章。

2011 年　《横滨三年展 2011——野村万作 × 万斋 × 杉本博司·三番叟公演》能舞台空间布置。

2013 年　获颁法国艺术文化四等勋章。

2014 年　获第一届"野口勇奖"。

※ 上述内容仅为部分工作。

预习

不厌烦自己最重要

川村　从我上学时起，您就一直是我的偶像，今天很荣幸能够当面采访您。您用镜头对准世界，长年活跃在摄影第一线的身影，令人神往。因为即便是著名的电影导演，也有很多人逐渐就拍不出好作品了。

杉本　你指的是制片人灵感枯竭，制作不出好电影了？

川村　作品本身太深奥也是一个原因。

杉本　可是，就算没有商业市场，也可以通过小制作影片来表达激进意识，不是吗？

川村　没错。所以我觉得，那些再也拍不出好作品的导演，肯定是在什么地方找到了不再拍摄的理由。金盆洗手容易，若是继续拍摄，就得面对"晚节不保"的风险了。

杉本　有道理。无论在哪个业界和领域，如果觉得自己已经巅峰不再，悄然隐去也是一个不错的选择。

川村　可我现在向往的是继续拍下去。

杉本　对于艺术家来说，一旦确立了受欢迎的风格，以后可能就得通过不断重复那种风格来维持地位。即使确立初期的作品与后来的作品在品质上存在天壤之别，也能通过大量生产统一化的商品来维持。说是维持，其实根本无法维持，但又不能什么也不做。所以说，选择金盆洗手也是很有勇气、很了不起的。

川村　您是从摄影起家的，如今却在挑战各种领域的工作。

杉本 对我来说，不厌烦自己是最重要的。要是让我一辈子一直拍一成不变的系列照片，我可受不了。兴趣这东西，存在着很多衍生的可能。比如说，我觉得自己目前把一半以上的时间都用在能舞台和戏剧的相关工作上了。

川村 今后还有可能回到只从事摄影的日子吗?

杉本 摄影是我的饭碗，所以还得经常拍，但今后会调整力度。老实说，我是凭摄影出道的，所以即使去做雕刻或数理模型，也卖不出去。（笑）不过，在现如今的全球市场，艺术完全变成了期货，很多私人交易商和收藏家购买艺术品已不再是出于鉴赏的目的，而是为了保管在仓库里等待升值，而我的照片能卖出高价，是我年轻时做梦也没想过的。这个世界就是这么奇怪。从利益的角度来说，如果在美国纳税，会被用于伊拉克战争，这难道正常吗?

川村 原来如此。所以您才会从事摄影以外的工作，比如能舞台。

杉本 我想挑战一些不会被人肆意消费的艺术。我的老本行摄影，还有你的专业电影，尽管都可以反复观看，然而戏剧更加鲜活，观众能亲眼见证某个瞬间突然降临时舞台上的变化，我觉得这是一种很精彩的体验。

在所属领域日渐形成的脉络中一决胜负

川村 您在 1970 年，也就是二十二岁时，刚从日本的大学毕业，就去了海外学习摄影，那您为什么会选择去美国呢？

杉本 我当初就读的是西海岸的艺术学校，因为当时正值"反文化运动"的全盛期，而该潮流起源于加利福尼亚，所以我首先就把目标定在那里了。现在盛行的"环保运动"，第一波高潮就是在当时掀起的。而且纵观人类史，我觉得那是一个划时代的时期，以年轻人的视角创造出了异于成人的文化。嬉皮士们通过摇滚批判社会，试图远离主流社会，创建全然不同的公社般的组织。

川村 从艺术上讲，当时的特征是以伍德斯托克音乐节为象征的迷幻、混沌的风格。可是，您后来发表的《立体布景》（将纽约自然历史博物馆的动物模型拍摄得栩栩如生的系列作品），还有将相机对准正在播放电影的银幕，对整部影片全程曝光的《剧院》系列，都是反其道而行之的至简色调。

杉本 正因为对混沌的享受达到极致，才会拍出那样的东西。从一开始我就觉得，面向社会的艺术，必须负起责任做出条理清晰的说明，不能脱离所属领域日渐形成的脉络，否则毫无意义。

川村 想要理解艺术，必须学习历史和理论。这个主张深得我心。作为电影人，我也通过《剧院》系列，对电影的观赏方式有了新的认识。看着您拍摄的雪白银幕，我有了很重要的发现——我意识到，电影的最终目的地唯有"空白"，同人类的人生、死亡是一样的，而且赋予人类以这种"视角"的，正是艺术的力量。我还记得自己当初有此想法时，曾经深受感动。

杉本 电影是连续闪现的照片，从这个意义上讲，照片是电影的前辈呢。

川村 所以您今后要是拍电影，我期待看到您通过一张照片回溯拍摄。比如说，我曾猜测，堪称电影鼻祖的卢米埃尔兄弟拍摄的火车电影，或许就是以列车向这边驶来的一张照片为基准，再进行前后场景的拍摄的。也就是说，在某种程度上，电影是为了拍摄某个特定场景而制作的。不过另一方面，电影也免不了受到商业评价。商业与艺术之间最激烈的战场，可能就是电影。

杉本 唉，没办法。不管是绘画还是什么，终究逃不开商业评价，没有销路就完蛋……现代社会只有具备商业价值的东西才能得以存活，从这个意义上讲，也就怪不得悲观的末日氛围如此浓重了。

川村 我原以为，在艺术的世界里，情况能好一些，事实却并非如此。

杉本 早就是弱肉强食了。

年过三十还没找到该做的事，一生都将无事可做

川村 即便如此，《立体布景》也是所有博物馆都会竞相展览的，《剧院》也不用说，还有《海景》系列拍摄的大海和天空，您的摄影概念无一不是异常简洁的。

杉本 确实如此。

川村 那么简单的海景，却能令观者产生"人类第一眼见到的风景应该就是大海吧"的遐想，这正是您的过人之处。

杉本 那些都是后话了。（笑）一开始我只是非常想拍大海，于是就拍了。

川村 其实我早就想问，理念和行动，究竟哪个在先？这下知道了，终于舒坦了。（笑）

杉本 《海景》是从三十二岁开始拍摄的，在《立体布景》和《剧院》之后，但这三部系列作品，是我从西海岸搬到纽约以后，就开始"有意识地"思考过的。当初，我打算以商业摄影家的身份从事摄影，觉得"既然如此，西海岸就不如东海岸"，所以便去了纽约，结果却发现，不管是新闻工作还是商业艺术，终究都只是生意罢了。我给好几个摄影师当过助手，才发现依着别人的意愿去拍照有多么无聊，才知道自己是多么不适合这种工作。（笑）

川村 有那么无趣吗？

杉本 比如拍摄商品目录，就是一个劲儿地拍，一天大约得拍二百张。高级珠宝首饰店的摄影也很麻烦，当时没有电脑，所以很费事，需要放置一大堆反光板，特别无趣。所以我就想，一个人就能做成的生意，非现代主义莫属，于是我便开始思考，要想发表作品，应该做些什么。

川村 所以才说是"有意识地"？

杉本 嗯。快到三十岁的时候，我想出了这一生要表达的理念，并且持续至今。基本上，如果在三十五岁之前还没找到该做的事，那么一生都将无事可做。自己的原体验，就是如此不留余地。

即使创意很出色，也需要表达技巧才能传达给观者

川村 您的照片里，的确存在着某种"原风景"之类的令人怀念的东西。我第一次看见您的作品时，沉睡在内心深处的原始感觉受到了极大的冲击。对您来说，童年时期的何种体验至今仍有影响呢？

杉本 我小时候就像现在所说的"宅男"，喜欢一直待在小房间里制作模型。模型可以说是世界的微缩，从这个意义上讲，照片也是将实物缩小化、形象化，从而创造所有世界的雏形。

川村 顺便问一下，您也有尝试之后被自己否定的创意吗？

杉本 太多了。我经常在头脑里反复咀嚼回味一些想法，心想"等着瞧吧"。要是觉得想法可行，有了一定程度的确信，我就会开始着手行动，但行动时又会有新的认识，将这个想法全盘否决。所以问题就在于，能否在"这个应该可行"的最后关头更进一步。不能震撼自己的创意，是不可行的。

川村 您拥有童年时的原体验，又基于二十岁之前的经验，确定了自己该做的事。所谓工作，也许关键就在于如何将以前积累的东西输出。然而在现实中，输出并不容易实现，从这一点来讲，我觉得您的落实能力实在远超常人。

杉本 即使是在观念上很出色的东西，也需要通过表达技巧传达给观者。因此，我最重视工匠般的品质。总之，我采取了依靠技

巧取胜的战术。具体来说就是，我觉得必须拍出能让人看一眼就"想买"的优质作品，于是仓促地购买了8×10相机（使用大胶片的大画幅相机）……

川村　现在还在用吧？

杉本　我也是有数码相机的人哟。这年头，要是规定明天交稿，所有人都会说"立刻用电子版交上来"。用8×10相机行不通了，因为这是个必须跟上数字化潮流的时代。

胶卷用光了，自己造一卷不就行了吗？

川村　另外我还觉得，在当今这个时代，许多人有能力推出自己的理念，但是在技巧部分仍有欠缺。

杉本　的确，达米恩·赫斯特[1]带起了一股风潮，使不少人以为，艺术家不亲自出手，而是委托别人大量生产作品，是个性十足的做法。但我个人认为，这样做并不能持久，还是应该像当初守持中世纪传统的技巧派工匠那样。因此，我的照片冲洗出来，都带有明确的证据，证明这张相片确实出自我手。基本上，我不会委托别人去做。虽说我也想让别人做，但那样就达不到我要求的品质了。况且色调这东西，也不是靠言传就能教会的。

---

[1]　英国新一代艺术家的主要代表人物之一。

川村 也就是说，这些工作是无人可以替代的。

杉本 没错。比如显影的流程，用多少底片冲洗，会出来什么样的照片，这种负片与正片的因果关系，已经深深地印在我的脑海里了。

川村 也就是说，您常在底片的世界里观察人间。

杉本 是的。比如那里和这里的曝光度大概差多少，作为摄影家，不懂这些可不行。是利用阴影还是高光，类似这种曝光的分配，也得在一瞬间靠直觉来决定。绝大多数情况下，我都会一次拍两张照片，第一张冲洗出来，据此决定强弱增减，再完成第二张照片的显影。

川村 这简直和工艺家的工作一样了。

杉本 这就是工艺。比方说，夏季和冬季，显影液的溶解程度是不一样的，所以我不会使用市面上出售的显影液，而是根据自己的配方来调制。这就是个酌情处理的问题。

川村 您是原本就喜欢追求技巧吗？

杉本 与其说我喜欢，不如说是市售的显影液过于倾向大众口味了，会形成商业所特有的中庸色调，这是我看不惯的。所以，我不得不根据需要来研究，决定自己希望如何看照片，然后再设法将世界与我的愿景调和。总之，我想看的东西是排在首位的。

川村 "为了接近自己想看的景色，再难的事我也会去做"——仔细想想，这是理所当然的事，然而绝大多数人可能都做不到。

杉本 经常有人问我："要是胶卷很快就用光了怎么办？"早期照片的发明者塔尔波特，就是自己从零开始制作胶卷的，那么我也可以从零开始。所以我每次都会回答："只要自己成为发明家不就行了？"

在自然历史博物馆游击摄影，带去 MoMA

川村　接下来再回到您年轻时的故事。关于《立体布景》这一系列，当时就是一个日本青年漫无目的地走进纽约自然历史博物馆，说"请让我拍一整天的照片"，然后就得到许可了吗？

杉本　不是不是，一般是不允许拍摄的。

川村　那您是怎么交涉的呢？

杉本　简单来说，是我提前联系了对方。我事先给博物馆的宣传部门打去电话，对方说"不是商业摄影就没关系"，于是，我就在不确定是否已经得到许可的情况下去了博物馆，对方还以为我是游客呢，我就尽情地拍了个够。要是保安问起，我就说"我会打电话取得许可的"。

川村　而且，您还是带着 8×10 的巨型相机进去的。（笑）那完全就是打游击啊。

杉本　我挂上了隔离带，防止别人干扰，甚至还搭起黑帐篷，架起了三脚架。（笑）不知道是不是当时的管理体制比较宽松，反正我是胆量十足。后来，我带着作品去 MoMA（纽约现代艺术博物馆），他们买下我的作品后，给我写了一封介绍信，使我从此得以自由拍摄。那封介绍信真的是太有用了。拍摄《剧院》的时候，我是从电影院一美元的售票口混进去的，带着装有相机的大行李箱偷拍。至于能不能拍出影像，总得亲自试过才知道。

川村 冲洗以后，发现拍出来了？

杉本 假说得到证实，连我自己也吓了一跳。从那以后的一段时间，我一直从美术馆、地方自治体、政府赚取奖学金，到处拍照。那段生涯完全像是孤注一掷的赌博。

川村 虽说结果都很好，但是把各个因素分开来看，确实是一场豪赌。竟然还带着作品去 MoMA，真是太强势了。

杉本 任何美术馆都是有隙可乘的，只能自己寻找并设法进入，没有哪个艺术家会等着画廊的老板主动过来当伯乐。

每个人都应该独自思考入世的方式和策略

川村 不过最近，"三年展"之类的活动越来越多，艺术家不用到处奔走，就有地方发表作品了。只要参加这些活动，就能坐拥数十万名观众，像您这样独自吟味、孤军奋战的艺术界巨星越来越少了。

杉本 像跳蚤市场一样到处举办，真是无奈。在有些地方，人们都叫它"不如不展"。（笑）

川村 是啊。

杉本　每个人都应该独自思考入世的方式和策略，这才是正确的做法。毕竟，莱昂纳多·达·芬奇也好，莫扎特也好，都曾四处奔走，推销自己。

川村　人们往往羞于自我推销，但如果大家都这样做的话，就没有那么困难了。

杉本　艺术家常给人以圣职者的印象，但我觉得，从某种意义上讲，艺术家也可以说是最肮脏的职业。

川村　话虽如此，要是成为像您这样的世界级艺术家，就不用再自我推销了吧？

杉本　不不。日本当初根本没有艺术促进组织，也没有人肯资助，所以在很长一段时间里，我的作品都卖不出去。而且我无论如何都不想死在纽约，所以最近创立了一家文化基金会，为的是在小田原的地景艺术中编入古典文艺和前卫舞台艺术的现场表演。但是，我假定了一个条件，就是为了维持这个文化基金会，我的摄影作品必须一直畅销。总而言之，尽管不需要自我推销了，但我会一直给自己施加压力，承受风险。（笑）

自学使一切想做的事成为可能

川村　即便如此，除了技巧，您在世界范围内获得的生命力，或者说好奇心，也是出类拔萃的。

杉本　我感觉自己想做的事情还没做完。关于摄影，我还想继续拍摄《立体布景》的新系列。现在的兴趣不同于年轻那会儿了，以前我基本上都是在拍摄与事件有关的照片，比如北极熊捕杀海豹，但如今，我的目光只会望向人类出现之前的大自然，比如宾夕法尼亚的原生林。

川村　真是精力充沛啊。

杉本　2012 年，我还在法国电影《我最糟糕的噩梦》里，凭借"杉本博司"这个角色，以演员身份首次亮相了呢。（笑）

川村　您扮演自己？！

杉本　嗯。不过，起初只有"我是绝对不会讲这种话的"这一句台词，于是我就自己重新修改了。

川村　写剧本的感觉怎么样？

杉本　能舞台的剧本是我自己来写，但若是对于能的独特文体没有切身体会，是写不好的。因此，把想说的内容译成能的文体，着实花了我很多时间，但我并没有接受别人的指导。

川村　看来您通过摄影锻炼出的自学能力，在剧本创作中也得到了发挥呢。您哪天要是拍电影，不光是剧本，说不定连导演和剪辑也会由您来做。

杉本　我认为，电影导演必须具备这些能力才像话。如有可能，我连电影的摄影也想做。

川村　哇，那拍摄现场肯定会陷入停滞的。（笑）

（2013 年 3 月，于东京白金的杉本博司工作室）

复习

"年过三十还没找到该做的事，一生都将无事可做。"

这句话令人眩晕。杉本先生，请饶了我吧，我还在黑暗之中摸索呢……

然而，冷静下来仔细想想就会发现，这句话其实并不过分。

到现在活了三十多年，很难再找到其他该做的事了。在以前的人生当中，肯定存在着宝物。

没错。唯有自己的原风景才是重要的。

《立体布景》《剧院》《海景》，每次观看杉本博司的摄影作品，我都会忍不住产生这样的想法。之后要做的，就仅仅在于如何用余生去表现了。

可是扪心自问：我拥有他那种潜入纽约自然历史博物馆游击摄影的勇气吗？我具备他那种带着照片去 MoMA 的野心吗？

分别之际，杉本博司取出近年收藏的老式留声机和唱片，播放了一支喜爱的曲子，并挥舞拳头，对着初次见面的我放声歌唱。

原来如此。这就是与世界斗争之人的伟大之处。走近他的世界，勇气便莫名地涌上心头。

仓 本 聪

要想出类拔萃，必须逼迫自己。

仓本聪

So Kuramoto

1935 年　生于东京。

1954 年　进入东京大学文学部就读。

1959 年　进入日本广播公司工作。在职期间，担任广播剧的编剧，并以"仓本聪"的笔名编写电视剧剧本。

1963 年　从日本广播公司辞职。作为电视剧编剧独立。

1967 年　由杉良太郎主演的历史剧《文五捕物绘图》播出。

1974 年　任大河剧编剧期间，与 NHK 发生矛盾，移居北海道札幌。

1977 年　移居北海道富良野。

1981 年　电视剧《北国之恋》播出，开启该系列。由高仓健主演的电影《车站》公映。

1984 年　创办培养演员和编剧的私塾"富良野塾"。

1988 年　富良野塾的首演舞台《沉睡谷》公演。

2000 年　获颁紫绶褒章。全国首个公设民营剧院"富良野演剧工厂"竣工。

2002 年　系列电视剧《北国之恋》最后一部《北国之恋：2002 遗言》播出。获第二十一届"向田邦子奖"。《北国之恋》剧组获第五十届"菊池宽奖"。

2005 年　由寺尾聪主演的电视剧《温柔时刻》播出。

2006 年　创办致力于环境教育的"NPO 法人富良野自然塾"。

2008 年　由中井贵一主演的电视剧《风之花园》播出。

2010 年　"富良野塾"关闭，更名为"富良野 GROUP"继续活动。获颁旭日小绶章。

2011 年　启动"NPO 法人——受灾小学生集体疏散收容项目"，将东日本大地震中遭遇核泄漏事故的福岛儿童带回富良野收养。

※ 上述内容仅为部分工作。

预习

1	怎样才能实现独自工作？
2	年轻时写过什么样的企划书？
3	退出大河剧、移居北海道时，是怎样的心境？
4	结交什么样的人最好？
5	《北国之恋》的每一集是怎么写出来的？
6	如何向大众传达真正想说的话？
7	人们会被什么感动？

不被日常工作束缚，写各种类型的企划书

川村　与您见面之前，我预习了您的职业生涯。大学毕业后，您进入日本广播公司，二十多岁时，就作为编剧大展身手了。

仓本　还上学时，我就在日本广播公司打工了，出于兴趣，从那时开始写剧本。可是，正式进入公司任职，以编剧的身份出道以后，我却渐渐失去了创作原创剧本的机会。别看现在的编剧都是随手就写，其实情节（故事梗概）的编写和剧本的创作，本是两种不同的工作，在我们那个时代是需要分工的，首先得由企划负责人寻找小说等各种素材，再交由情节作家写出概要，然后交给剧本部门，最后才由我来写。

川村　我至今也制作了十五部电影，绝大多数都是原创作品。

仓本　我年轻时也想写原创剧本，但是现在想想，自己当初并不具备相应的实力，有些勉强。最近我倒是经常创作电影和漫画的原创剧本，反而觉得是件好事。

川村　过了三十岁，您就开始转向原创剧本的创作，写剧本时也是自己编写情节了。

仓本　促使我做出转变的重要契机，是《文五捕物绘图》这部历史剧。原著作者是松本清张先生，但他只写了"在江户末期的神田明神，有一个名叫文五的协捕，还有六七个手下"。

川村　这也太简略啊。（笑）

仓本 可是对我来说，这样反而很好。我心想，既然几乎不存在原著，那就可以把清张先生的所有作品当成素材，随意发挥，即便是其他历史剧的原著，拿来做些改动也能用。所以说，那次创作过程非常有趣。从那以后，我就逐渐开始写原创剧本了。

川村 无论哪个领域都是这样，如果突然被要求进行原创工作，就会觉得自己本来就不是很懂。我最近也终于开始边写小说，边自己编写原创故事了，可是心里一点底都没有，感觉要想达到热销的程度真的很难。

仓本 是啊。

川村 您以《文五捕物绘图》为契机，后来转向原创剧本的创作，是因为公司的要求吗？

仓本 不是，是我主动写好企划书交给公司的。那段时期，我每年都写很多企划书，总之就是一个劲儿地、自发地写，尽管绝大部分都被否决了。进入日本广播公司之后，我成了羽佐间重彰先生的助手，他后来当上了日本广播公司和富士电视台的总经理。一开始在他手下锻炼出的企划书写作能力，成了我的重要武器。

川村 您也是从写企划书开始的正统派啊。大概有不少人都以为，您一起步就是顺风顺水的呢。

仓本 没那回事。况且我觉得，那样做才是最稳妥的。我没有被日常工作束缚，写了各种类型的企划书，在剧本创作中也不拘一格，曾尝试仅靠登场人物的证言来刻画主人公的形象。

两小时睡眠时期的自我强迫是宝贵的财富

川村 您在日本广播公司任职期间还有一个传奇故事，说您刚进公司，就偷着写电视剧剧本，"仓本聪"就是那时用的笔名。看来您当初还是想成为电视剧编剧啊。

仓本 也不是。我当初只想写出一部能拍成电影的作品，哪怕一辈子就一部也行。

川村 完全没时间睡觉吧？

仓本 光是广播工作就忙得脚打后脑勺了。我在日本广播公司工作到二十八岁，整整四年，而最后两年，我每天的睡眠时间一直只有两个小时。当时真的是心力交瘁，患上了神经衰弱。

川村 我写第一本小说《假如世上不再有猫》的时候，也是过着白天拍电影、晚上写小说的双重生活，开始像您一样神经衰弱。可是通过写小说，我反而意识到电影在表达上的独一无二的优点。尽管当时多少有些狼狈，但现在觉得，那是必须做的。

仓本 要想出类拔萃，高人一筹，还是得在某些方面逼迫自己才行。所以我觉得，两小时睡眠时期的自我强迫是一笔宝贵的财富。

退出大河剧、移居北海道后的新生活

川村 对了，说起您的大转机，我就想到您在为大河剧《胜海舟》

执笔的过程中，与 NHK 发生冲突，从而退出剧组，移居北海道的经历。从地方去东京的例子很常见，可是反过来，并且至今仍以地方为根基继续从事工作，可就很少见了。

仓本　那时我正好三十九岁，从各种意义上讲，时机刚好。首先，当时几乎没有移居地方的人。不过，虽说移居的契机是 NHK 那件事，但我当时自己也觉得，心里多了一份愁闷。因为一部作品走红，就会受到周围人的奉承。这样的奉承叫人沾沾自喜，可我心里并不坦然。被人如此追捧真的好吗？我觉得，这样的待遇会令人堕落。还有，我后来也意识到，因为我的童年正值战时，我是在战败后的残垣断壁间长大的，所以看到世人过得越奢侈，我就越会心生不安，担忧"这样的太平日子不会永远持续下去，总有一天会破碎崩塌"。也因此，我不大敢生活在东京，就想着要回到地方去。

川村　结果，后来的《北国之恋》大获成功，您的这段经历也被大家当成了正面教材，可是退出 NHK 的大河剧，其实对您的打击很大吧？

仓本　嗯。我以为自己彻底没法当编剧了，只能去开货车呢。幸好有那么一次将错就错。

川村　尽管结果很顺利，但您当初就没感受到人生从此沦落的恐惧吗？

仓本　怕得要死呢。但是愤怒的力量更强大，所以我挺过来了。

川村　要是我的人生有一天也沦落了……

仓本　说不定哦。（笑）还有，太受女性欢迎也不是件好事。因为人生的结构是平衡的，如果遇到的光是好事，会英年早逝的。
（笑）

不先居于人下，你在这份工作中就无法维持长久

仓本　你写小说没想过用笔名吗？

川村　我觉得，要是加上"《告白》《恶人》《桃花期》的电影制片人……"这种头衔，很不合适，并非上策，所以我才直接用真名，看看自己以新人的身份能否有所作为。

仓本　我现在还经常产生冲动，想改名参加富士电视台的青年剧本大奖赛呢。

川村　在工作中因为名声而成事，的确很危险。

仓本　我的情况正是这样。我把写好的剧本带去电视台，对方几乎不会提任何意见，就老老实实地收下。这样一来，我就只能自我管理。我之所以在1984年，也就是49岁时创办培养演员和编剧的"富良野塾"，开始戏剧公演，就有这方面的原因。自己写的东西自己每天导演，就能逐渐知道剧本哪里不行，于是通过每天重写，开幕演出和闭幕演出时的本子就会变得截然不同。不行的东西就是不行，没完成的就得完成。在这方面的战斗，是最能令我热血沸腾的。

川村　写剧本的过程中，有没有感到特别辛苦的时期？

仓本　我从日本广播公司辞职，决定专注于电视剧剧本的创作，是在二十八岁的时候。正如任何工作都得从底层做起，我当初也觉得，不经历底层工作，你在这份工作中就无法维持长久，无法成为专家。因此，我暂时把当电视剧编剧的心思放在一边，与日活签约，只写歌谣电影剧本，还在东映写色情文学之类的东西，打算先掌握所有类型剧本的写作技巧。当我的实力得到认可，肚子里有些干货的时候，就能自然而然地写出自己想写的原创作品了。所以我觉得，我在五十五岁到六十五岁这段时期，才真正称得上是个编剧。

川村　我觉得，现在的人有一种急于自我表现的倾向，包括我自己在内。

仓本　那也没什么不对的。二三十岁的年龄，可以说正是青春时代，拿我自己来说，尽管我当初尚未掌握适合自己的表现方式和原创性，可还是破天荒地一阵蛮干，不顾后果。不过我也经常觉得，真正能称得上作品的东西，我还得过很久才能写出来。

只结交跟自身利益相关的人，就什么也学不到

川村　《北国之恋》是您多少岁时的作品？

仓本　四十六岁。不过，剧中对于北海道的描绘，来源于我三十九岁搬到北海道之后，在札幌生活两年半的好时光。我是个酒鬼，

老婆被留在东京了，所以我每天从黄昏一直喝到清晨，生活过得一塌糊涂，结交的都是些地痞流氓、右翼分子、陪酒女郎……

川村 简直就是生活在薄野①。（笑）

仓本 正是经过那些日子，我才发现，我在东京受人追捧时，只跟业界相关的人有来往。对此我很愕然。只结交跟利益相关的人，能拿什么来充实自身？我的那些作品究竟是怎么写出来的？我突然感到非常不可思议。

川村 原来如此。尽情玩乐的仓本先生很是厉害，但尊夫人的宽广胸怀更了不起。（笑）

仓本 她从东京联系我，说存款只剩七万日元了，问我怎么办。（笑）

川村 要是没有那两年半，后来的很多创作会不会就不存在了？

仓本 会有很多。总而言之，那是一段接收信息的时期。与《北国之恋》同年公映的电影《车站》，剧本也是我写的，其内容正是基于我在札幌到处闲逛喝酒时，从陪酒小姐那里听来的故事。

川村 我很胆小，要是移居地方或国外，大概会感到不安，担心自己跟不上东京的动向，担心自己被人遗忘。可是另一方面，如果只待在东京，价值观就会与所谓的同行相似，事物观也会渐渐同化，再也分不清对错了。

仓本 有鉴于此，来到北海道之后，我就没再订阅报纸。报纸是用文字来解释事件，所以报道中含有记者的主观意见和评论，将事件以失真的形式灌输给读者，甚至连答案也写了出来。而看电

---

① 日本北海道札幌市中央区著名的红灯区。

视则不同，新闻是用画面呈现的，要想知道正确答案，必须自己思考并做出判断。

川村 不管怎么说，选择去北海道，使您的生活变得生气勃勃，也让人生中的正确答案有所增多，它是我对您的无尽兴趣的源头。

仓本 起初还觉得迫不得已，结果却是托了 NHK 的福。（笑）

用"糖衣药片"来传达真正想说的话

川村 我这次把《北国之恋》重新从头看了一遍，为剧中通水、通电等一件件小事而感动不已。我觉得，这部电视剧之所以如此感人，或许是因为其中介入了您作为东京人的视角？

仓本 的确，剧本中的大部分内容都是我本人的亲身经历，小木屋也是我自己尝试搭建后写进剧本的。我刚才说"变得奢侈的东京很可怕"，其实以前我就想过，总有一天要写文明批判的故事，那是我真正想写的东西。

川村 《北国之恋》不仅出于您的亲身经历，其中还投射了您的本质，所以不管看多少遍都那么感人。

仓本 不过，正因为是真正想写的东西，所以我觉得不能直接传达，必须以打游击的方式呈现。具体来说，我想到的是"糖衣药片"的方法。

川村 只让外表是甜的？

仓本 对。我们那个时代疏散学生的时候，小孩子要是想吃甜食，就叫人从东京送来糖衣药片，用外面的糖衣代替点心来解馋。总之，如果真正想写的核心部分是苦的，要使外面的部分尝起来甜，让里面的部分过后再慢慢释放出来。

川村 的确，乍一看，《北国之恋》就像是《大草原上的小木屋》那种"典型乡村家庭剧"。

仓本 没错。也就是说，写剧本其实就像打游击，关键在于如何遮掩真正想写的东西。我们这一代人，是在战后来到这个世界上的，当时左翼戏剧盛行，戏剧中存在过多政治宣传，或者说是时事信息，而我受不了如此被迫创作，也曾一度逃避，不写真正想说的东西。直到某一年，我觉得还是得把自己想说的东西写出来，只是要考虑怎样才能包在糯米纸里扔给读者。哪怕看完一个多月之后，药力才慢慢生效也行。比起速效的化学药品，还是中药更为理想。

川村 的确，最近尽是些里外都甜的糖果，内苦外甜的东西实在太少了。

回到原点，重新思考自己因何而感动

川村 最近有给您留下印象的电视剧吗？

仓本 我最近根本没看电视剧。不过要说电影，像史蒂文·斯皮尔伯格那种追求趣味的技巧已经非常发达了，但是像威廉·惠勒（美国导演）的作品那样，与好莱坞黄金时代的感动息息相关的电影，近来似乎一部也没有。我还是觉得感动才是重点。我们的工作是洗涤观者的心灵，所以必须下功夫研究如何引起观众的感动。因此，虽然《北国之恋》系列的剧本前后写了二十一年，但每次开始写作时，我都会回到海拔零点，重新思考自己最初因何而感动，什么才是原点。

川村 什么才是原点呢？

仓本 举个例子，创办"富良野塾"之后，我和学生们一起生活，结果就像拍电视剧一样，出现了各种各样的问题。例如，作为生活用水的泉水曾一度枯竭，当时真是惊慌失措啊。由此，我意识到了"没有水就无法生活"这一原点。

川村 也就是"身为动物的人类"这一原点？

仓本 是的。所以说，比如性的问题，如果把视线聚焦在人类身为动物的性欲上，尝试移植到电视剧里，就能有新的发现。

川村 我重看《北国之恋》后就不免感慨，洋溢着如此生气勃勃的性气息的电视剧真是越来越少了。

仓本 那是因为人们对性的看法扭曲了。尤其日本是讲究"耻"的国家，羞于明目张胆地对待性，以至于私下里的性产业变得无比庞大。其实要我说呀，只要男女双方彼此愿意，想做爱就做好了。性本来就是一种本能、自然的行为，跟大小便和放屁没什么区别。

川村 在《北国之恋：1987初恋》中，阿纯和阿丽裸身进入小木屋，孤男寡女共处一室……像这样的情色感觉，在如今的电视剧里很少见了。是因为不再受欢迎了吗？

仓本 那部分是基于三岛由纪夫的《潮骚》创作的，并不是不再受欢迎了，而是不知道从什么时候起，人们开始完全以"只要裸露就行"的模式化思维去看待情色，而并没有理解其真正的内涵。

川村 电视里几乎已经看不到情色内容了，但我在电影《桃花期》的制作中，也曾加入类似情色的鲜活内容，结果却很受欢迎，令我不禁觉得"搞什么呀，原来大家还是很喜欢的"。

仓本 在川端康成的《雪国》中，男主人公与艺妓驹子久别重逢时，说了这样一句台词："这根手指还记得你。"这句话就曾引起热议，但你不觉得这个场景很有魅力吗？川端先生这个人，大概就很好色。（笑）

川村 不愧是获得诺贝尔奖的作家呀。（笑）

《北国之恋》著名场景中的"悸动"

川村 顺带一提，在《北国之恋：1984 夏天》里，当小木屋烧毁时，阿纯把自己的过错栽赃给了正吉，为此他一直闷闷不乐，后来终于向五郎坦白并道了歉。这个场景给我留下了深刻的印象。在我看来，绝大多数人都会一直瞒下去。

仓本 起初，那个场景只是阿纯承认过错后就结束了，但我总觉得心里缺少"悸动"，就在最后的最后追加了一部分，即五郎等人目送正吉离去后，走进拉面馆，店员伊佐山博子执拗地催促他们"快点儿吃完回家"。

川村 是五郎怒吼"孩子们还没吃完！"的著名场景吧。顺便问一下，"悸动"指的是？

仓本 人类突如其来的情绪，也就是类似于执念的东西。日本电影创始期的著名导演牧野省三先生说过一句名言："这个剧本里有情节，但是没有悸动"。我觉得，电影靠的是情节，而电视剧靠的是悸动。似乎从年轻时起，我写电影剧本就注重情节梗概的高潮起伏，而写电视剧剧本时，则只专注于拼命思考如何通过悸动来营造起伏。

川村 的确，您作为编剧的特长在这方面尽显无遗。

仓本 即使与主要情节无关，观众也会记住那个角色所能看见的场景。我在吃饭或喝酒的时候，经常灵光一闪，就写在筷子封套的背面保存下来。

川村 呀，讲得真好。悸动使人感动。

仓本 发现悸动的一个方法，就是把目光投向人类身上的喜剧部分。在我迄今结交的人物里，比如胜新太郎，再比如第十八代中村勘三郎，他们身上都有喜剧性的地方。我们常去同一家酒馆，经常碰见，聊起天来特别有趣。我们的着眼点完全不一样哟。

川村 看来，我要是想发现这种悸动，还得在饮酒作乐上面多下功夫才行。（笑）

（2013 年 4 月，于北海道富良野的富良野 GROUP 排演场）

复习

仓本聪说："电视剧靠的是'悸动'。"只有在"故事"的基础上，加入人类无规律的言行，也就是"悸动"，电视剧才会变得光彩夺目，从而诞生"感动"。

仓本聪一边在日本广播公司工作，一边制作企划书，写剧本，向电视台提交了无数次。睡眠时间只有两小时。即便如此，他仍然坚信"想要出类拔萃，必须逼迫自己"。

三十九岁。在职业生涯的全盛期，他退出大河剧的制作，移居北海道。

这本该是一次巨大的挫折，然而《北国之恋》正是在此后诞生的。

人生的车轮滚向哪里，没人知道。但是，在超越既定和谐的地方，存在着感动。仓本聪的人生，本身就是一部洋溢着"悸动"的精彩"电视剧"。

访谈结束后，我们又在富良野的"Soh's BAR"继续畅谈，从电视剧聊到电影，话题多得聊不完，甚至忘记了时间的流逝，直到回过神来才发现，一场被天气预报遗漏的雪早已开始降落。望着消失在沉沉夜色中的仓本聪的身影，我感到了人生的不可思议。一场出人意料的雪，使得那个场景充满了深深的感动。泪水几欲夺眶而出，我深吸了一口气。空气清冷，心中却暖意洋洋。

秋 元 康

任何人都有可能犯错，
关键在于是否具备纠正错误的能力。

秋元康
Yasushi Akimoto

1958 年　生于东京。

1975 年　高中二年级时，因向电台投稿而成为广播剧编剧，后参与"The Best Ten"等多个节目的企划工作。

1982 年　稻垣润一的《戏剧性的一场雨》（作词）发售。

1985 年　小猫俱乐部的《别脱人家的水手服》（作词）发售。

1989 年　美空云雀的《川流不息》（移居纽约后作词）发售。

1991 年　执导由松坂庆子、绪形拳出演的电影《再见，妈妈》，作为电影导演出道。

2003 年　恐怖小说《鬼来电》出版。后被拍成电影、电视剧。

2005 年　在产经报上连载小说《象的背影》，后被拍成电影。就任京都造型艺术大学艺术学部教授（2013 年卸任）。偶像组合 AKB48 出道，担任其综合制作人。

2007 年　就任京都造型艺术大学副校长（2013 年卸任）。

2008 年　杰洛（Jero）的《海雪》（作词，获第四十一届日本作词大奖）发售。创立 AKB48 姐妹团 SKE48。后又推出 NMB48（2010 年）、HKT48（2011 年）。

2009 年　与 AKB48 同获第五十一届日本唱片大奖特别奖。

2011 年　AKB48 以《飞翔入手》（作词）获第五十三届日本唱片大奖。以 JKT48 在印度尼西亚雅加达的出道为起点，开始进军海外。

2012 年　获第五十四届日本唱片大奖作词奖。

2013 年　AKB48 为电影《无敌破坏王》演唱的片尾曲，获第四十届安妮奖长篇动画部门音乐奖。作为作词家，单曲总销量超过 6850 万张，超越阿久悠成为日本史上第一。

※ 上述内容仅为部分工作。

预习

任何工作都要有"主视图"

川村 我一跟您见面交谈，就一定会说到企划。

秋元 我其实是不喜欢聊企划的。比如说，要是在书店里看见平放的书，明明没有人委托我，我也会条件反射般地想："这本书应该加个腰封啊"。这可能已经成为兴趣了。你也有这样的感觉吧？

川村 是的。所以我看电影时，反而会有意识地让自己老老实实地看。不然的话，我会觉得连自己的感动也是因为某个部分插入的音乐很棒，或是因为镜头调度的效果很好。这样一来，我会害怕，怕自己越来越偏离观众的感觉。

秋元 没错没错。我们必须反省的是，一看到好东西，就会忍不住说"真棒"，可那并不是感动。

川村 搞创作的时候，也会产生"这样做肯定最顺利"的念头，总是企图用最简单的方法去完成。可是难点在于，即使感受到了这种危险，也做不到眼看着目标却要绕道而行。

秋元 作词也一样。在爱情歌曲中，最重要的歌词就是"我喜欢你"，却要用"在这根纸火柴燃尽之前，我想一直看着你"之类的形式去表现。也就是说，尽管峰顶只有一个，却不知道该从哪条路线攀登，只能拼命绕远。

川村 不过您的作词，特点是很鲜明的。电影也经常使用这种手法，就是在达到最高潮之前故意使其停滞，通过制造高度差的错觉，使结尾充满感动。您通过歌词实践了这一手法。

秋元 我觉得，即使是电影，也必须有一幕特定的场景，这个场景正是导演、编剧、制片人拍摄这部电影的根本目的。我在公司会议上，总是将其称为"主视图"。比如《毕业生》这部影片，我就曾想象，它是为了达斯汀·霍夫曼随着西蒙和加芬克尔的《罗宾逊太太》的旋律跃入泳池那一幕而拍摄的。所以关于歌词，我也更喜欢能体现重点的副歌部分。

川村 您的歌词里有很多感情强烈的词组，所以副歌都能被人记住。

秋元 没有幕间便当①，是我创作的基本原则，因为菜式多了肯定记不住。

川村 您是怎么想到用《循环热单②》这个词组作为歌名的呢？

秋元 在我们那个年代，"电台的循环单曲"是很常用的说法，而在 AKB48 的孩子们中间，则流行"今天的裙子是热门单品呢""最近，烤饼是热门单品"之类的说法，给我带来了灵感。还有《飞翔入手③》，也是我看到有粉丝在网上说"今天是飞入日，加油"，觉得莫名其妙，不明白"飞入"是什么意思，上网一查才知道，是在游戏软件或漫画发售日前一天就买到手的意思，很有趣。所以基本上，我只是把自己脑袋里早有印象的东西揪出来而已。

---

① 戏剧幕间休息时提供给观众食用的便当。
② 原英文为 Heavy Rotation。
③ 原英文为 Flying Get。

川村　把以前留意过的词语飞速呈现给世人，也是您的才能。比如《飞翔入手》，要是现在写成歌词，可能就完全没效果了。

成功者都有制作人般的感觉

川村　您同时拥有制作人和创意人的头脑，而且两者非常平衡。能留意到"飞翔入手"这个词组并且有想法的制作人可能不少，但立刻就能自己写成歌词的人，可就相当罕见了。迄今为止，您周围有这种人吗？

秋元　说不好。但我觉得，很多成功者都有制作人般的感觉。在日本，"制作人"这个形容很少用于褒义，所以比如村上隆先生，似乎就不像以前那样一门心思地搞艺术了，而我和安藤忠雄先生、千住博先生交谈，就觉得他们在主观和客观之间有着极好的平衡。

川村　原来如此。

秋元　有些人可能自己意识不到，但我是很留意的。也就是说，是制作人秋元康在向作词家秋元康订货。

川村　我写小说时，也曾被双重人格困扰。

秋元　我觉得，你最好还是把他们分开。如果写的是娱乐小说，你通过电影培养起来的制作人能力是很有必要的，但如果写的是幻想小说、艺术性较高的东西或是纯文学作品，那么最好抛弃"这样写大众会喜欢"的想法。不加掩饰的作品里才流淌着你的血液，对此有反应的读者，就是小说家川村元气的拥趸。

川村　您在工作中，有没有把考虑是否畅销的制作思维收起来，仅凭感性创作的作品？

秋元　隧道二人组①的歌词，大多都是这种。我可能喜欢策划或写一些明知道别人看不懂的东西。《雨中的西麻布》里，最后的"双生百合花"是完全没有意义的，但是也不知道为什么，听人说出这个词就觉得很好玩。（笑）

川村　的确有着无法言说的有趣之处。

秋元　我也想问你的是，《告白》这部电影我很喜欢，但我以为那么令人心情不快的电影，是绝对不会受到大众喜爱的，没想到它竟然一炮而红。你作为制片人，一开始就相信这部电影能红吗？

川村　那片子是在 2010 年上映的，当时业界的气氛是"只有令人笑中带泪的大团圆结局的电影才受欢迎"。可是当时经济不景气，社会上飘荡着经济状况毫无好转迹象的空气，又发生了雷曼事件②让经济状况雪上加霜，我就想到了一个假设，觉得"在这样的时代，观众可能反而更想看对不安和恶意进行深入挖掘的电影"。

秋元　可是，我不明白你为什么会找到凑佳苗的《告白》，其他作家应该也有类似的作品吧？

川村　我喜欢作家的出道之作。《告白》正是凑佳苗的第一个作品，我觉得她在其中献出了自己的灵魂，所以我就笑纳了。

---

①　日本搞笑艺人组合。

②　2008 年，美国第 4 大投资银行雷曼兄弟由于投资失利，在谈判收购失败后宣布申请破产保护，引发了全球金融海啸。

承受嫉妒和中伤，通过工作锁定胜局

川村　对了，这次访谈要听各位讲讲自己年轻时的故事。秋元先生，您从大学时代起，就已经是很受欢迎的广播剧编剧了，起步非常早。那么，同龄人或前辈有没有嫉妒过您呢？

秋元　尽管我的名字每天都会出现在电视节目结束后的演职员表里，但是除了业内人士，二十来岁的年轻人是不大会留意的。由我作词、稻垣润一先生演唱的《戏剧性的一场雨》问世之后，进入了"The Best Ten"排行榜，而那个节目的企划也是我。可能正是从那时起，嫉妒——或者更准确地说，是"那家伙是谁呀"般的好奇——就随之而来了。不过，别人的嫉妒会成为我的能量。如果不喜欢别人的嫉妒，就说明你还太年轻。（笑）

川村　您太强了。（笑）

秋元　只要是做出了一定成绩的人，都会被人在背地里说闲话，所以中伤也好，嫉妒也好，只能全部承受，然后拼命工作，最终锁定胜局。

川村　您的定局之作，就是美空云雀女士的《川流不息》的作词吧？

秋元　或许是吧。

川村　您是如何写出《川流不息》的？

秋元　我当时正为云雀女士所属的哥伦比亚唱片公司担任偶像制作人，他们问我"这次想当谁的制作人"，我随口说"既然好不容易有了作词家的头衔，我想和日本第一歌姬美空云雀女士合作"，结果他们就替我向云雀女士转达了。不过，在准备过程中，云雀女士突然病倒，制作不得不延后，其间我就搬去了纽约。

《川流不息》歪打正着地从海外生活中诞生

川村 赴美是突然决定的吗？

秋元 我是在二十九岁去的美国，那之前的一年，我就开始觉得，尽管我创作的歌曲和节目都很受欢迎，但我毕竟毫无根基，没接受过广播剧编剧的学习，也没上过专门培养作词家的学校，担心自己光鲜的外表总有一天会被剥下来，所以我是为了重新学习才去美国的。

川村 在纽约的生活有何收获？

秋元 我每天都与随行的后辈和工作人员吃火锅，从音像店租回日语节目看，可以说毫无进步。我带去的钱大家花，所以一下子就没了……那样的生活过了一年，直到云雀女士在东京巨蛋举办了"不死鸟飞向新天空"复出演唱会，我才回到日本。

川村 这么说来，《川流不息》是回国后写的？

秋元 不，是在纽约写的。云雀女士复出后，我提出选曲要求，日本方面立刻送来了曲子，我就带上索尼的随身听和稿纸，去了常去的"兰特娜咖啡馆"。现在我还记得，当时写下的第一行字就是"川流不息"。所以，在各种采访中我都会解释："原型既不是多摩川，也非石狩川，而是三十一街莱克星顿公寓附近一条东流的小河。我想象着河水终将注入大海，流到日本，望乡之情油然而生，就写出了这首歌词。"（笑）

川村　如果当初没去纽约，您觉得自己还能写出《川流不息》吗？

秋元　我也不知道，也许会是不同的歌名。但我可以断定，在纽约生活的那段时间是绝对有必要的。在那里，我似乎歪打正着，明白了船到桥头自然直的道理，也在接受自己的无能之后获得了坦然。（笑）

不要只在意眼下，要关注二十年后想做什么

川村　在状态越来越好的时候，您能意识到情况不妙，主动离开漩涡中心，前往纽约生活，实在很有先见之明，但您就完全不担心吗？比如不舍得放弃当前的工作，或是想象有一天再回来，自己该做的工作已经被别人取代了，于是后悔当初离开。

秋元　可是，最好还是找机会从漩涡中脱身。眼下的工作没了就没了，要是二十年后自己想做的事被别人取而代之，那才无可挽回呢。我上学时就当广播剧编剧，当广播剧编剧的同时还当作词家，当作词家时还去拍电影，拍了电影又拍广告……之所以如此眼花缭乱地活动，是因为我想提前打开多扇门，好让自己不至于

厌烦了自己，眼睁睁错过自己想做的事。川村君，你要是想进一步磨炼才能，也得为自己创造不同的环境才行。

川村 我也想拥有这方面的可能性。

秋元 聪明人都会觉得，继续在这里赢下去也没什么意义，于是找机会离开日本。至于你，大可以不去好莱坞，不如偷偷去印度学电影，不是很有趣吗？

川村 比起好莱坞，确实是宝莱坞更有范儿。（笑）

秋元 还有，我想为你、铃木收、小山薰堂①提供一些支持，因为我自己经历了一番苦战才走到今天，所以也想成为你们的守护者，但我做事，不想从一开始就敲锣打鼓，弄得人尽皆知，而是希望悄无声息地进行，最后一鸣惊人。就像你如果一直宣传"川村元气的下一部作品如何如何"，其实吃力不讨好。相反，如果一部印度电影在戛纳电影节上夺得金棕榈奖，最后打出"GENKI KAWAMURA"的名字，观众会惊讶地问："是那个川村吗？"这多有派头啊。

川村 就这么办。（笑）

娱乐也需要知性和深度

川村 不过，眼前的工作已经让我忙不过来了，还有时间做新的

① 三人均为编剧、制作人。

尝试吗？

秋元　不睡觉就行了。

川村　哇！这就是您的结论？（笑）

秋元　只有这个办法。只要把睡眠时间缩短到三四个小时就行了。

川村　看来您三四十岁那会儿，果然没好好睡过觉吧？

秋元　没有。那时我才知道，人要是三天不睡觉，就会丧失方向感，站起来都不知道门口在哪边。

川村　可是通过交谈，我知道您读过大量的书，也看过很多电影，所以我总是觉得不可思议，搞不懂您是怎么挤出时间做这些事的。

秋元　如今，我会在早上六七点钟完成当天截止的工作，然后看两个小时电影，九点钟睡觉。

川村　啊？

秋元　但终究不过如此罢了。常有人弄错，介绍我时以文化人称呼，这叫我很惭愧。我眼中的文化人，当属美轮明宏^①先生，像他那么博识而有灵性的人太少了。他在银巴里^②打工时的故事实在太有趣了——"江户川老师问我：'割开你的手腕，又会流出什么颜色的血呢？'我回答他：'七色彩虹血。'"这个江户川老师，大概就是江户川乱步吧。

川村　叫人一句话都无法反驳。

秋元　也就是说，文学、建筑、艺术统统如此。他在银巴里所透露的知识，即使是比喻，肯定也有非凡之处。所以我认为，现在

---

①　日本创作歌手、演员。
②　当时银座的一茶室名。

的娱乐作品，必须具备某种深度才行，可叹今不如昔啊。

川村　这是您今后要挑战的目标吗？

秋元　完全不是我想做的。所以我才说要当你的守护者。（笑）

无论国内国外，还是"大家没见过的东西"有优势

川村　我还想和您聊聊日本在国外受欢迎的娱乐活动。我一直觉得，要想被国外接受，非得是深入挖掘本国文化的"超级国货"不可，例如 AKB48 就是对日本秋叶原和偶像文化深入挖掘的成果，反而在国外很受欢迎。

秋元　没想到你这个年纪就能发现这一点。我今年五十五岁，从十七岁开始工作至今，足有三十八年了，要说我这些年的发现，也正是这一点。我此前的工作一直受到欧美的影响，要说搞笑，我想拍摄像好莱坞的扎克兄弟和梅尔·布鲁克斯那样的短小精干的滑稽故事，但只靠到处模仿是绝对赢不了的。吉卜力工作室的宫崎骏先生和高畑勋先生，就从没想过模仿迪士尼。

川村　他们从事的向来是迪士尼不做和做不来的工作。

秋元　所以说，我之所以觉得 AKB 也有可能去国外发展，是因为她们在纽约和洛杉矶现场表演，唱前三四首歌的时候，观众全都瞠目结舌，因为他们没见过唱歌和跳舞都那么差的艺人。（笑）但是，看着那些女孩子满头大汗地卖力表演，观众会逐渐兴奋起来。

即使有唱功好的日本人，还得请英语老师学英语，而且再怎么拼命演唱，只要有阿黛尔那样的歌手存在，他们就赢不了。

川村　AKB 还有个独特的因素，就是亲密接触型粉丝的应援。

秋元　我觉得还是没见过的东西有优势。

川村　可是，韩流艺人歌舞俱佳，台风也好，进军日本时的完成度很高。而日本的偶像文化，尤其是您的工作，给人的印象是灵活利用了每个人的弱点或缺点。

秋元　也许是吧。

川村　是有意为之的吗？

秋元　我自己也搞不清楚，不知道是当初就有意为之，还是因为没有真正有唱功的家伙才不得已而为之。（笑）

走错了路也不要紧，只要事先锻炼好返回的能力就行了

川村　您是自己主动着手的工作多，还是受人委托接手的工作多？

秋元　两方面都有，但我经常对年轻人说："不要只依赖被动接手的工作。"躺在过去的遗产上，闭着眼睛也能工作，那就没意思了，必须斩断这种联系。我也一样。AKB 红了，就都来找我推偶像，《川流不息》红了，就都来找我写演歌。也就是说，没有一个人为我考虑，让秋元康做有趣的事。

川村　理解。

秋元　打个比方，川村元气有个很出色的经纪人，声称"我们川村现在正搞建筑呢，在沼津盖澡堂子呢"，我会很惊讶。但是这样更令人兴奋，不是吗？

川村　可那也太不正常了。（笑）总之就是说，关键在于如何舍弃自己的成功经历，对吧？

秋元　不过，要是像你一样年纪轻轻就红了，也会想要乘胜追击、大获全胜吧？

川村　我会用"尽量不想输"这个说法……

秋元　那可危险了，路会越走越窄。拳击比赛就是这样，如果连腹部也不想给对手击打，有多少条命也不够用。如何失败也很关键，所以你现在需要的，是足以成为传说的失败之作。（笑）

川村　那我可不干。（笑）

秋元　活了五十六年，我想到的是，假如面前有两条路，我们总会觉得选择走哪条路必须慎之又慎，不能选错，然而只要是人，就会犯错，不可能总是正确。所以，走错了路也不要紧，只要事先锻炼好返回的能力就行了。应当视错误和失败如浮云，不管被对手击倒多少次，都能重新爬起来，偶尔还能赞叹"那家伙还是右直拳最厉害"。像这样工作的人，才是最有创造力的。

（2013 年 6 月，于东京青山的 Il Desiderio 餐厅）

复习

"向前进！过大河！"

AKB48 在名曲《RIVER》中如此呐喊。

二十九岁。在职业生涯鼎盛时期飞离东京，移居纽约，写出《川流不息》的秋元康，其后一直都在过大河，向前进。

电视、音乐、电影、游戏、小说、偶像。在单纯执着的工匠气质备受尊崇的日本，秋元康却尝试了所有领域的挑战。

他说："没有一个人为我考虑，让秋元康做有趣的事。"我们肯定也一样，始终都在被"向前进""过大河"撵着走。

秋元康在访谈中反复强调："我们觉得选择走哪条路必须慎之又慎，不能选错，然而只要是人，就会犯错，不可能总是正确。所以，走错了路也不要紧，只要事先锻炼好返回的能力就行了。"

"向前进！过大河！回头路就在身后！"

这句话充满了激情和力量。

是的，确实如此。

只要拥有返回的力量，我们就能去任何地方。

宫 崎 骏

要留出时间用自己的肉眼去观察一切。
观看作品与观察事物是不一样的。

宫崎骏
Hayao Miyazaki

1941 年　生于东京。

1959 年　进入学习院大学政治学部就读。

1963 年　进入东映动画公司工作。

1971 年　转入 A Production 公司。

1974 年　负责场景设定、画面构成的电视动画片《阿尔卑斯山的少女》播出。

1979 年　转入 Telecom Animation Film 公司。推出电影《鲁邦三世：卡里奥斯特罗之城》，作为剧场导演出道。

1982 年　在铃木敏夫任总编辑的月刊动画杂志《Animage》上开始漫画《风之谷》的连载。

1984 年　《风之谷》公映。

1985 年　参与吉卜力工作室的创立。

1986 年　《天空之城》公映。

1988 年　《龙猫》公映。

1989 年　《魔女宅急便》公映。

1992 年　《红猪》公映。

1997 年　《幽灵公主》公映。

2001 年　《千与千寻》公映。该片获美国奥斯卡金像奖长篇动画电影奖、柏林国际电影节金熊奖。

2004 年　《哈尔的移动城堡》公映。

2008 年　《悬崖上的金鱼公主》公映。

2013 年　基于模型杂志《Model Graphix》上的连载漫画创作的《起风了》公映。宣布不再制作长篇电影。

※ 上述内容仅为部分工作。

预习

首度为自己的作品落泪的理由

川村 首先，请您谈谈长篇隐退之作《起风了》。听说这是您首度为自己的作品落泪。

宫崎 嗯，是的。

川村 看到最后一幕，我也泪流不止。我觉得，这是一部献给认真生活的成年人的电影。您第一次哭，是不是有什么理由呢？比如说，是因为以前没能客观地看待自己的作品吗？

宫崎 就是觉得太难为情了。在 0 号（最初的内部试映）阶段看的时候，我把注意力都放在各个细节上了，没能完全把握电影整体。直到两天后看了 1 号（最终修正后的完成品），才算头一次看到了整体，真是一不留神就疏忽了。我以前画分镜时，也曾多次流泪，这次是泛滥了。我就想啊，一直以来，我在心底藏了什么呢？难道是因为把藏着的东西拿了出来，眼泪才泛滥了吗？反应有些过激了，但这部影片的根本正是触动心弦的这部分。不管怎么说，还是太丢人了。（笑）

川村 我正是觉得触摸到了毫无保留的宫崎导演，所以很开心。

宫崎 这个题材和领域，我以前没做过。虽然有部电影和飞机有关，但那只是一个不良中年人出来高谈阔论，当不得真。

川村 不是人，而是猪（《红猪》）。（笑）

宫崎 对。制作那样的电影，心态比较轻松，而这一次，我是直接触及从童年时就有很深感触的东西，所以反应有些过激了。

川村　在影片里，零号战斗机的设计者，也就是主人公堀越二郎，在梦里与举世闻名的意大利的飞机设计者詹尼·卡普罗尼有过多次对话。对您本人而言，也有想在梦里与之相见的设计者吗？

宫崎　没有。我从一开始就放弃了造飞机的念头。

川村　也就是说，归根结底，您只对飞机或战斗机本身感兴趣？

宫崎　是二十世纪二十年代到三十年代中期的飞机。对于那十几年间制造的飞机，我已经感兴趣六十年了。关于堀越二郎，他被飞机爱好者和喜欢战记读物的宅人肆意妄评，我心里很不好受，所以就想，必须要恢复他的本来形象。

川村　原来如此。

宫崎　只不过，恢复得丝毫不差是不可能的，因为他几乎没留下任何文章之类的东西。虽然有些文件，但核心内容全是关于零式战斗机的制造过程，没什么意思。不过从中可以看出，堀越二郎这个人是实干派。当日本战斗机的引擎与其他国家相比处于明显劣势时，他肯定也有话不吐不快，但他什么也没说，只是默默地继续造飞机，直到有了喷气发动机之后，他一下子就造出了漂亮的喷气机。

川村　想造出漂亮飞机的人，却造出了兵器……

宫崎　即使明知是兵器，设计者对于制造美丽的东西也会念念不忘，而且我觉得，他们不这样也不行。尤其是日本的技术工作者，造飞机的机会并不多，所以每一位设计者的心里都有种信仰——只要全力追求真正的性能，就能造出美丽的东西。我想，这一点应该是确切无疑的。

一旦机会来临，自当全力以赴

川村 看过这部影片之后，也许很多人都会觉得，飞机之于堀越二郎，就像电影之于宫崎导演。

宫崎 这种事我从没想过。既然选择了这份工作，在机会来临时，自当全力以赴。从这个意义上讲，我很喜欢那些从昭和初期到战争结束的二十年间的有志之士。他们生活在空袭频仍、战火不断的年代，却依然勤奋好学。堀辰雄这位作家我也非常喜欢，尽管他与堀越二郎属于完全不同的领域。所以，制作《起风了》的时候，我尽情地阅读了堀辰雄的作品，并研究堀越二郎的飞机，在这个过程中，一个角色就逐渐成形了。

川村 这可真是奇妙的结合。

宫崎 堀辰雄这个人患有肺结核，经常咯血，他本想把作品写得更长一些，可惜体力难支。然而就是在这种情况下写出的短小作品里，却处处隐藏着他对战争的看法、对人类战后命运的思考，就像堀越二郎对无力的引擎没有半句抱怨一样，默然而坚韧。读他的全集，我无数次深受感动，对他十分敬佩。于是，我就用他弥补了堀越二郎的遗憾。正好两人的名字里都有个"堀"字，很合适。（笑）总之，我想以他俩为原型，去刻画那些在那样的年代，最有才能也最诚实的人们。这就是我的想法。

越过所谓的合理，前方的人生之路会更开阔

川村　影片里有一幕令人印象深刻的场景，是堀越二郎患有肺结核的妻子菜穗子明白自己时日无多，便离开了被隔离的山中诊所，去了二郎居住的镇子，二郎说"我们都没时间了"，就把菜穗子留在了身边。

宫崎　小说《菜穗子》是堀辰雄的代表作，其中的女主人公就患有肺结核，后来离开医院去找丈夫了。然而，小说的这段情节在两人没能互相理解的地方就戛然而止了。

川村　您刚才说过，想刻画诚实生活的人们，而电影与小说的结局不同，表现了身为男人的正义，这很有新鲜感。如果说，出于慎重考虑而把妻子放在山里是现在的正义，那么当时无论如何都要一起生活的正义，就很令人感动。是这样吗？

宫崎　是的。迫于无奈，只能把妻子丢在山里的医院不管，自己努力造飞机，是最常见、最合理的，可是不管在哪里生活，菜穗子剩下的时间都不多了，既然如此，作为丈夫，还能叫赶来相见的妻子"快回医院去"？倘若没有足够的决断力，视情况果断决定一起在山下生活，他又怎么有能力造飞机呢？

川村　尤其是菜穗子后来知道自己死期将近，就什么也没对二郎说，独自回山去了。那一幕很令我感动，我觉得那也是菜穗子的正义。

宫崎　那一幕也让我大伤脑筋。她不想让心爱之人眼看着自己痛

苦地死去，而且作为不得不与飞机纠缠一生的男人之妻，她不想拖他的后腿，这样的心情是可以理解的。但是，如果跨过这道心理障碍，前方可能也会别有一番天地。不过，换成是现代，很容易就能得出结论了。现在的人会选择最懒散的道路。

川村 也许是的。

宫崎 很久以前，有一部令年轻人为之疯狂的电影，里面的男主人公把濒死的女友带离了医院。离开医院之前还挺好，可是当那姑娘奄奄一息的时候，男主人公却慌得只会叫救护车。我被这样的剧情发展气坏了，就提出了"让他自己做临终护理"的意见，结果遭到了年轻人的围攻。可是，即使恋人病情发作致死，也应该让她死在自己怀里。要是没有这样的觉悟，当初就不该把她带走。对于影片里的所谓人道主义，我不是很理解。

川村 战前确实有人秉持着与现在完全相反的正义。在《起风了》这部影片里，正因为夫妻的选择与现在的普遍常识相反，所以才那么感人。

宫崎 我觉得，这恰恰说明了他们是多么喜欢彼此。

川村 但要通过电影大声说出来，还是很需要勇气的。

宫崎 倒也不是什么勇气，我只是不喜欢医生们围在菜穗子身边，那个不得不造飞机的男人和大家在外头等待病人临终的场景。我不想拍成这种无聊的、割裂的故事。至于主人公身边的人，他们尽管曾经反对，认为二郎把菜穗子留在身边太自私，但他们后来明白并理解了二郎的坚持，就改变了最初的看法。我汇聚了这样一群角色，所以拍出了干净的电影。

川村 影片并未透露菜穗子是如何死去的，您是怎么想的呢？

宫崎 大概就是想回山里，可是还没到车站就昏倒了，被抬上担架送往医院，要么在途中死去，要么刚到医院人就没了，要么死于回山的火车上。

川村 果然如此。哎呀，我又想哭了。

我们无从得知当前这一瞬间的命运之轮将会滚向何方

川村 《起风了》讲的是关于零式战斗机的故事，却为何没有一个战争场面？

宫崎 都被我删掉了，因为军队不会行进至位于远郊填筑地的飞机制造工厂，所以像堀越二郎那样的技术工作者是看不到战争场面的。也就是说，我们无从得知当前这一瞬间的命运之轮将会滚向何方。

川村 人们常说，战争这东西，也是在大众不知不觉间开始的。

宫崎 我的父亲，比堀越二郎和堀辰雄年轻些，我每次问他战时的事情，他只是说："啊，那可是个好时代呀。"因为当时社会上明显存在享乐的潮流，而我的父亲又喜欢到处游逛。

川村 关于这一点，我在观看影片时就有强烈的感受。一提到昭和，日本人总是不加思索地以为那是一个黑色的时代，可我没想到，当时的街道和颜色都那么美，充满了活力。

宫崎 没错，因为真的很美。如今，我乘飞机从欧美回国，降落在成田机场的时候，当飞机冲出云层的那一刻，整片绿色映入眼帘，美得叫人失语。如此美丽的绿色国家，我还没见过第二个呢。但仔细看就会发现白色的仓库、道路和成排的电线杆，飞机降得越低，就越令人失望。所以，在这个丑陋的世界上，已经没法拍实景了。

地震来临时，其实很安静

川村 影片中关于关东大地震的场景，感觉也很真实。

宫崎 这部分也是我从父亲那里听来的，他说火车并没有翻，建筑也没有倒塌太多，但是一切都被大火烧毁了。当时，我的叔叔在两国镇上开作坊，据说，他趁大火还没烧到，告诉雇工和家人"快去做饭团，越多越好，填饱肚子，再把木屐脱了，直接穿袜子走"。

川村 因为逃生需要体力，而木屐不跟脚，穿着奔跑容易受伤。

宫崎 我父亲常说，多亏脱了木屐才活下来。类似的信息，我收集了很多，因为我想表现地震来临时的真实感觉，而不是像灾难片里那样的地震。很偶然地，画完分镜的那天，真正的地震（东日本大地震）来了。当时我正独自躺在工作室里睡觉，觉得这次地震挺大的，就向窗外看了一会儿，可什么事也没发生。没有浓烟，也没有鸟叫，一片寂静。我就想，原来地震发生时这么安静啊。就在我以为地震已经结束的时候，传来了隔壁幼儿园小孩们的哭闹声。我也问过阪神淡路大地震的幸存者，他们都说："直到回过神来，才听见小孩和狗的叫声，在那之前根本不记得有声音。"

川村 听到这里我觉得，您进行创作时，只相信自己亲眼所见、亲身所感的东西。在观看《起风了》的过程中，直到最后也没看到战争场面，这一直让我感到毛骨悚然。

宫崎 我也曾努力尝试加入战争的片段，可是刚加进去，就觉得自己是在撒谎。何况，若是真的那样做，我会被古往今来这么多的战争文献瞬间吞没掉。

二十世纪与二十一世纪描绘的东西意义不同

川村 顺便问一下，启用庵野秀明导演为堀越二郎这个角色配音，也引起了热议，这是您的主意吗？

宫崎 我们也进行过选拔，但参选者都是些过于熟悉配音的人，声音缺乏日常性，都不行。我就想，在我所知的范围里，讲话最诚实的人就数那家伙了，而制片人铃木敏夫也几乎同时喊出了"找庵野！"，于是我们就跟庵野本人打了招呼，他便欣然而来了。我们让他试了试声，似乎有些问题，但我觉得是巧是拙都无妨，所以就定他了。

川村 是庵野先生声音里的什么特质让您决定用他的？

宫崎 这里面有我单方面的臆想。在我看来，与其说他的声音诚实，不如说他本人的活法诚实得叫人心疼。所以同是说台词，他的纯度和别人完全不一样。他的声音很干净，就是普通青年的声音。总之，关键就是要根据作品来确定作何选择。

川村 提到庵野先生，有个著名的故事，说他二十多岁时曾去应征您导演的《风之谷》的画手，而且被录用了。我还听铃木敏夫制片人说，他最近养成了一句口头禅，老是说"我要拍《风之谷》"。

宫崎 是的。所以前不久，我对他说"你可以拍"，还告诉他"最好别想按照原著去拍"，因为那条路真的很不好走。

川村 您听说庵野先生想要重拍您在三十年前，也就是四十多岁时创作的作品，心里做何感想？

宫崎 我之所以告诉庵野，"我已经不拍《风之谷》了，所以你去拍吧"，是因为现在的我，已经无法像当初那样满怀深情地去画《风之谷》了。最重要的是，到了二十一世纪，在这个变得相当无聊的世界上，还能制作出那种少女克服千难万险，在遥远的旅行中迫近世界本质的电影吗？有人说二十世纪无异于末日，但那时毕竟还有甜美的东西在。正因为身旁有许多快活享乐的家伙，有些人才会满心不甘地说是末日。可现在呢？连女孩子都会说"前途一片黯淡"，你告诉她"只要保持健康、努力工作就行了，一眨眼人就老了"，根本起不到安慰作用。也就是说，二十世纪描绘的东西与二十一世纪描绘的东西，意义是不同的。所以，关键就看庵野能不能跨过这道障碍。

川村 您年轻时可曾对连续创作感到不安?

宫崎 不安每时每刻都在，现在也是。从健康的角度来说，一部电影拍完，肯定有事发生。大约在《千与千寻》原画检查结束后的第三天，我患上了完全失忆症。还有《幽灵公主》那会儿，我正要去参加宣传活动，却在下台阶时摔了一跤，扭伤了。不过，在脚踝"喀嚓"一响的那一刻，我却有种积压在心底的什么东西都随之烟消云散的感觉。此外还有牙齿上出现一个洞，等等，什么事情都有。

川村 创作每一部作品时，您都如此不遗余力，对自己穷追猛打呀。

宫崎 的确。不过，堀越二郎和堀辰雄当初给自己的压力更大。《起风了》里面有一句台词——"要尽力完成"，这句话适用于所有领域的工作。

观看作品与用肉眼观察事物是不一样的

川村 您觉得最近的年轻动画人也在尽力吗?

宫崎 虽然尽力了，但有没有才能是个问题。画不好的家伙就是画不好。

川村 好严厉呀。(笑)

宫崎 不过,《起风了》的年轻工作人员做得很好。比如地震中的混乱场面,画起来非常麻烦,但他们毫无怨言。我觉得,是他们的努力为影片赋予了紧张感。他们以出乎我想象的高密度,不断努力思考、工作着。

川村 您重看过自己年轻时的电影吗?

宫崎 我不会去看那种东西。试映等偶尔不得不看的东西,很多时候我也会中途离开,不会看到最后。电视也完全不看。

川村 这是为什么呢?

宫崎 因为我观察事物的能力有所下降,所以我觉得最好留出时间,无论什么都用自己的肉眼去看。确定每天要做的事,早晨捡捡附近的垃圾,去不远的咖啡店喝喝咖啡,回家吃完饭再出门。在开车往来于家和工作室的路上所见的风景变化,对我来说至关重要。不光是四季的变迁,还有,有没有哪里反映出了经济状况,那人是忘了穿裙子还是在追求时尚,她的职业是什么……这些都需要仔细观察才知道。观看作品与观察事物是不一样的。

您真要隐退吗?

川村 我想即便如此,您年轻时肯定还是看过电影的。

宫崎 三十多岁时看过。影片的名字忘了,但我隐约记得看了很多黑白片时代的日本电影。过了四十岁,我就只看电视里播放的电影了。有的我一眼就知道是哪部影片，比如《蜂巢幽灵》。

川村　啊，是维克多·艾里斯的作品。

宫崎　即使从中间开始看，也能知道是哪一部，比如安德烈·塔可夫斯基的电影，拍得特别好。但我不看完就得睡觉，因为第二天还有工作要做。（笑）

川村　的确，可能我们对程式化的作品看得太多了，或者会觉得自己看的是由人截取的支离破碎的风景。

宫崎　不，只是单纯就我的体力和集中力而言，我没有了观看电影或电视剧的能力。我家的电视机很小，字幕放出来我也看不清。所以说，我实在是活得很落后啊。

川村　但正因为这样，您才得以观察大量的事物。您的这种视角在《起风了》里面贯彻始终，所以这部影片真的很感人。

宫崎　费了那么大劲儿做好了，要是人家说"比起《起风了》，还是更喜欢早期的《熊猫家族》"，我会相当沮丧。

川村　这部影片太优秀了，我相信您还有足够的能力继续创作。

宫崎　那就是另一回事了。而且，你是来采访我的，当然不会说我的坏话。（笑）

川村　但是，期待您的下一部作品是我们的自由。（笑）

（2013 年 7 月，于东京小金井的宫崎骏工作室）

复习

靠自己的肉眼所见、亲身所感去拍电影。

在为了表现真实而弄虚作假的现代，宫崎骏这种彻头彻尾的现实主义或许已经成为幻想。

仔细观察一个个行人；在工作室旁边的幼儿园里望着那些小孩子；当大地震发生时，独自凝视着窗外悄无声息的街道；从早到晚待在工作室里画画、修改、再画。

他说："观看作品与观察事物是不一样的。"

对于程式化的作品、支离破碎的东西，他持怀疑态度，并把这样的态度也指向自己的作品，然后接连创作出富有独创力的杰作。

分别之际，宫崎骏淡淡地说了声"再见"，就转过身开始劈柴。在工作室外，他独自默默地、不停地挥着斧头。

"劈柴有时能让心情很好，有时不行。"他头也不回地说。

我觉得，他的话象征着人类追求生理快感的电影创作。

我久久地凝视着他的背影，渴望靠近那双手所感受到的真实痛楚和愉悦。

糸井重里

工作只是人生的一部分,
所以要努力活得更有趣。

糸井重里

Shigesato Itoi

1948 年　生于群马县前桥市。

1966 年　进入法政大学文学部就读。

1971 年　作为广告撰稿人出道。

1975 年　获 TCC（东京广告撰稿人俱乐部）新人奖。

1979 年　为泽田研二的单曲《TOKIO》作词。此后，为矢泽永吉、矢野显子等多位艺人作词。

1980 年　西武百货店的广告文案《自己，新发现》发表。

1981 年　西武百货店的广告文案《不可思议，我喜欢》发表。

1982 年　西武百货店的广告文案《美味生活》发表。

1988 年　担任电影《龙猫》的文案。此后，为吉卜力工作室的多个作品创作文案。日产风度汽车的广告文案《吃、睡、玩》发表。

1989 年　与任天堂共同开发、亲自设计的游戏《MOTHER》发售。

1998 年　在互联网上创立"HOBO 日刊糸井新闻"。

2009 年　获第一届"伊丹十三奖"。

2012 年　东京糸井重里事务所获"波特奖"。

※ 上述内容仅为部分工作。

预习

满足于"商品"而非"作品"

糸井　咱俩上次见面时，我就觉得以后还会再见，但没想到是以这样的方式。

川村　谢谢您拨冗接受采访。首先，我想问的是您在三十多岁时如有神助的文案。创作《美味生活》《吃、睡、玩》的时候，您靠的是理性还是天性？那些美妙的词句，是灵感突降、一挥而就，还是经过步步试错才完成的？

糸井　我觉得这东西还得靠灵感，不然是抓不住的。有时客户定位准确，文案也可能早已在脑中成型，但我在其他场合也曾多次说过，我们的脑袋里有个广场，要先把词句写在广场的墙上，让脑袋里的登场人物去检查。这个时间很长。素不相识的人、与自己想法不同的人、跟自己很像的人……要让各种各样的人在墙壁前走过，听到他们说"不错"。也就是说，自己生活的世界和头脑里的世界是对应的。

川村　等待各种各样的人说"不错"的感觉，我深有体会。看来，您始终贯彻着"自己也是大众一员"的意识呢。

糸井　完全正确。

川村　我在"HOBO 日"（"HOBO 日刊糸井新闻"）上重新读了您的专栏，发现一句意味深长的话——"我的工作就是往奶油酥饼上放草莓"。是不是说，只有放上草莓，才会有人想吃？

糸井 大前提是得做出不放草莓也好吃的奶油酥饼。不放草莓也好吃，这对我们来说是值得庆贺的事，但不放草莓的话会失去很多"满足感"。所以对于自己的企划，我会考虑"还不够，还想加些东西"，或是"在奶油酥饼中间挖个大洞，如果挖开的地方是鲜红色，企划就能成功"……总而言之，能令我感到满足的不是"作品"，而是"商品"。

川村 我先前一直在想，要是能以这方面的内容作为这次访谈的主题就好了，没想到这就心想事成了。我觉得，您以前创作的广告与如今在"HOBO 日"上创造的商品，是完全一致的。而且，其实从创作广告那时起，您始终都在贯彻"使作品成为商品"的方针。

糸井 因为我是从接受者的角度，而不是从创作者的角度去思考的。你刚才用"大众一员"形容我，以卖方和买方而言，我作为买方的时间是相当长的。例如，即使去买一件衬衫，我也会很认真。而厂商制作衬衫时，如果只是觉得"不错"就开始销售，那么这衬衫就配不上我的认真。要想让顾客购买，还得在这些方面多下功夫才行。

工作只是人生的一部分

川村 三十多岁到四十多岁的广告撰稿人时期，您想必非常忙碌，就像被业界吞没了一样吧？在这种情况下，您是如何做到瞬间变成买方的呢？

糸井 我从一开始就是买方，从来没有完全是卖方的时候。有的广告主就算骗人也要强行推销，我就会当场拒绝。我从广告撰稿人开始做起，之所以一路上主动尝试各种各样的工作，就是想做到万一哪天关系破裂，我不至于坐以待毙。只和一家公司打交道，一旦自己有了危险，就只能过度依赖对方了。

川村 的确，工作必须保持一定程度的距离感，不然对双方都没好处。

糸井 是啊。

川村 以前见面时您曾说过，四十多岁时曾有段时间，您每天只钓鱼。我就想，那时的您是不是对广告有些死心了。而且我觉得，认真工作的人应该都会遇到这个障碍。

糸井 与其说是对广告死心了，不如说是一种"直觉"，让我感到没意思、不舒服。比方说，企划案需要竞标，但我相信，只要客户和我齐心协力，不竞标更容易出成果。可是这种做法似乎终究无法实现，既然如此，我就算拼命也打不了胜仗，更何况广告本身和时代都在变化，所以我不想在原地逗留了。说起来，就是一种背井离乡的感觉。

川村 您为什么钓鱼呢？

糸井 当我觉得不想待在如此讨厌的地方时，不令我感到讨厌的就是钓鱼。钓鱼的有趣之处在于没人帮忙，怎样安装鱼饵、能不能钓到鱼，全由自己负责。我觉得自己有一阵子没过这种日子了，所以钓一钓鱼，本能应该就能复苏，结果当真复苏了。

川村　在您漫长的职业生涯中，钓鱼那段时期是最艰难的时期吗？

糸井　从我个人来说，被女人甩了更让我伤心得多。工作终究只是人生的一部分而已，人不能只为工作而活。今天我和横尾忠则先生一起吃了午餐，他就说："我感觉到你有在好好生活，不错。蒸蒸豆包什么的，挺好。"（笑）

川村　不过好普通的生活，也无法体会买家的心理。

糸井　四十多岁时，我同任天堂合作，制作了《MOTHER》这款游戏。当时，《超级马里奥》之父、世界著名游戏制作人宫本茂先生也参与了开发，而他至今仍过着普通的生活，经常领着附近的孩子们去当地居委会开会。

川村　连宫本先生这样的世界天才都做这些事，真是不给人留活路啊。（笑）顺便问一下，您现在还是广告撰稿人吗？

糸井　我是"广告撰稿人出身的人"。（笑）不过，我的工作核心始终都是与思考和语言打交道，这一点从未改变。

作为不会说英语的日本人，如何"融入"外国

川村　请再讲讲"HOBO 日"的事情吧。创办至今十五年，用小孩来比喻，大概相当于反抗期了。您家孩子最近怎么样？（笑）

糸井　其实是我岁数大了以后才生的孩子。

川村　原来如此。（笑）

糸井　这家公司是我在四十九岁时创立的，可谓老来子，我希望给他盖好纯棉的被子，让他尽可能毫发无伤地长大，所以我的弱点——比如年事已高——会直接影响公司。与其说是十五岁的反抗期，倒不如说已经十五岁了，却还是个很幼稚的孩子。现在我意识到了，就强烈地感觉到必须改正。

川村　必须改正什么？

糸井　一上了年纪，就希望身边全是能够理解彼此说话的人，即使如此，工作也行得通。从这个意义上讲，我经常使用"封闭""开放"这两个词。例如，我不记得自己学过外语，即使想学，也只会以失败告终，所以要说我对于外国是开放还是封闭的，那无疑是封闭的。

川村　的确，游戏、时尚、建筑等"不拘泥于日语"的领域，似乎更容易向国外发展，而您是专门跟语言打交道的人，使用日语进军海外还是有困难的。

糸井　我也是这么想的。在很长一段时间里，我觉得自己的创意更出色，可是和外国人根本讲不明白。我不会外语，和外国人交流又嫌麻烦，这样的态度影响了整个团队。

川村　年轻人会想，既然老爷爷都不会说外语，那我们不会说也不要紧。

糸井　我的这个缺点，使他们错失了很多飞跃进步的可能。还有，现在我也明白了，要让我们的工作也得到外国人的好评，要想与外国人顺利交流，首先得从打招呼开始，比如"嘿，你也喜欢女人吗"。

川村 就像《寅次郎的故事》里的寅次郎那样。（笑）

糸井 没错。一开始先不商量麻烦的事，而是通过观察对方瞬间的举止，确定"这家伙值得信任"。此外，现在无论什么产品，一般都是部件在一个国家生产，客户在另一个国家，可是有的公司除了日语内容之外的工作都不能做，这样的公司就是封闭的。必须拥有更大的胆量去融入外国才行。

考虑"只能单选"以外的道路

川村 不过我感觉，现在这个时代强调的是 all or nothing，人们不断要求你"只能单选"，几乎没有多少成年人觉得"混合起来更有趣"。

糸井 没错。总之，很多人幻想着明确选择某一边会更畅销，或是品牌价值更高。我刚才说过"放草莓是成败的关键"，要是把上面的草莓和底下的奶油酥饼搅拌在一起，弄成黏糊糊的一团，名副其实地混合起来，没有人会吃。但是，如果把它冷却后制成冰激凌呢？

川村 原来如此。那样或许就有人吃了。

糸井 是的。也就是说，不经历一番辛苦的思考，就想不到更深一层的可能性。而实际上，更深层次的思考才是最有趣的。

川村　当大家聚在一起，专心思考如何放草莓而遇到困难的时候，只要有人说一句"混合起来做成冰激凌不好吗"，世界就会一下子变得宽广起来。

糸井　我多讲一句，简单地说，当合作伙伴决定把基地迁到国外的时候，关于是自己单身赴任还是连家人也随同前往，"请二选一"是很不负责任的说法。因为有所得就会有所失，所以是无法轻易确定选哪一边的。

在"HOBO 日"的十五年间所见的互联网未来

川村　通过在"HOBO 日"的十五年，您对互联网世界的变化和现状有何感想？觉得互联网进化速度过快，竞争过于激烈，已经遇到瓶颈的人应该不在少数。

糸井　的确如此。不过，如果"HOBO 日"的商品不在互联网上销售，而是在实体店贩卖的话，不管是毛巾也好，护腰也好，都不一定能有现在这样的销售额。从这个意义上讲，简单地说"互联网已经发展到头了"，可能并不太对。如果世界上没有互联网，很多事情都不可能实现。当然，推特上市了、脸谱网上市了、总经理成了大富翁……追赶这些高端精英，希望十分渺茫，但支撑互联网的其实是物流的基础设施，比如快递，行政机关修建的道路、汽车，还有石油。

川村　就是说，因为有现实中的物流基础设施，网络购物才能成立。

糸井　如果你问那些说"互联网已经完了"的人有何对策，他们往往只会说："糟了，我根本没想过。"也就是说，在网络上，可能所有人都是学生。连做什么能混饭吃都看不明白的人，反而经常妄议世界大势，不是吗？

川村　或许确实如此。我觉得，您的强大之处就在这里——敢于说出别人没说过的话并付诸实践。

糸井　你制作的第一部电影是《电车男》吧？那也是因为没有别人做，所以你才做的吧？

川村　的确，当时全世界还没有人把网络世界拍成电影，所以我就想试试。我喜欢坐在滑雪场的吊椅缆车上，俯瞰新雪上留下的足迹，心想"这家伙为什么在那种地方走？真蠢"。大家都会看，不是吗？我希望自己的工作尽量也能如此。

糸井　关于《电车男》，2ch①上的人一边声援电车男，一边展开大混战，纷纷声称"最了解你的人是我"。可是，他们究竟了解什么呢？而这又有多大意义呢？

川村　的确，网络使得评论家多了，创作者少了，站在一旁吹毛求疵成了值得炫耀的事。

糸井　在互联网上，我几乎没见过有人夸赞别人的作品，至多不过是转发一下罢了。

川村　而且基本上，转发是不会有人认真看的。

---

① 日本知名论坛。

要思考"无须忍耐"的方法

川村　我一直觉得，您在五十多岁时的最强文案就是"HOBO日"，我很期待您什么时候想出六十多岁的代表文案。

糸井　今后的主题将是"人"。

川村　的确，人是最棒的商品。

糸井　比如川村元气这个人，要想在目前的组织里获得如此自由的活动空间，就得在其他方面承受很多额外的辛苦。又或者，川村元气这个人还是个学生，很有潜力，但若想在组织里有事可做，也需要付出很大的能量才行。

川村　确实如此。在日本，组织的力量无疑很大，进去以后就几乎动弹不得了，进了出版社就只能做出版，进了家电公司就只能做家电。

糸井　"找出不用那么忍耐的方法"是我的梦想。一个优秀的人才，如果大家都能雇用该有多好。进了我们公司，还可以再去其他地方工作，这样不好吗？或者，我们从其他公司借人也行。当然，像"川村先生，离开东宝来我们公司吧"这样的挖墙脚，我是不会做的。（笑）A很适合来我们这边，和B共事——像这样的例子数不胜数。要是能够实现的话，这个世界将会大有改观，不是吗？

川村　关于"人"，我也觉得，只依赖组织名声的工作方式，在很久以前就已经到极限了。我认为，今后的时代是否会变得有趣，取决于是否还能出现独力改变业界的人，就像改变苹果的乔布斯一样。

糸井　我反而觉得，那个讲究特殊草莓的时代已经结束了。乔布斯以外的人肯定也有很多想法，而"把我当成集线器"，把人才汇集到自己身边，就是乔布斯的策略。

川村　也就是说，乔布斯是出自无数个乔布斯的种子？

糸井　对。乔布斯通过这种做法实现了自己的欲望，只要学会收集种子的方法，即使一个乔布斯死了，也还有很多乔布斯活着。可现在的情况却是，一旦乔布斯死了，就不会再有乔布斯活着了，还停留在二十世纪。

川村　原来如此。

糸井　总之，尽管我才能平庸，但也能让用户满意。二十一世纪的我，能得到"那人尽管最终不像想象的那样，但确实做了很多事情"的评价就行了。说得极端些，我会很高兴听到"你、你，还有你都一样"的评语。

要想取胜，就该召集伙伴，不要单打独斗

川村　您似乎正以"相信别人"为主题，可我却觉得"不能相信别人"……这可怎么办？（笑）

糸井　结论还是应该多混合。不是有人想养纯种犬吗？我觉得那个时代也已经结束了。濒死的杂种犬被人救回饲养，逐渐变得可爱惹人怜，这样的过程更有意思。所以我觉得，不是从高处也不

是从低处，而是从居中的混合物中寻找乐趣的时代已经开始了。一个人如果不能尊敬"anyone"，也就是周围的人，那么这个人的思想还是太单薄。啊，我自己其实也很难做到这一点，现在每天还会想"那个混蛋……"，但我更偏爱未来，希望加速前往未来。

川村 您的工作一直偏爱未来，不是炼金术，而是炼空术，能将未来的空气变成固体，制成语言呈现给我们，由此受益的人肯定不少。只不过，比起特殊的草莓，您更愿意在隔壁的普通草莓上下注，这样的思想会被世人认为只是理想论罢了……

糸井 未来难道不是一直被人小看的吗？

川村 又是一个出色的文案。

糸井 对于自民党，有人认为"擅长拉选票，所以是坏人"，我就想，用正确的做法拉票有什么不对吗？如果觉得制度不合理就放弃，那就没什么可做的了。要想取胜，就该召集伙伴，不要单打独斗。越狱题材的电影之所以有趣，不正是因为一个人做不到吗？

川村 您指的是史蒂夫·麦奎因的《大逃亡》吧？看来我得再看一遍。

不要只考虑风险，要琢磨"怎样生活"才有趣

川村 不过，对目前的环境和工作感到不满、不安的人想必多得数不清，但要让他们跟周围的同类人打招呼，似乎难度又有些高。

糸井 还是害怕失败而已。比如谈恋爱，现在的年轻人一旦尝到失恋的苦涩，比如"我以结婚为前提，跟小绿交往了三年，大家也都以为我们能修成正果，却没想到小绿她……"，就容易产生一辈子不结婚的念头。这样做导致一件事的风险过高了，所以还是像"不知道结果如何，先试着告白吧"一样，经历过多次失败的家伙更强大。

川村 在恋爱上，这种类型的人是无敌的。（笑）

糸井 进一步说，考试也好，求职也好，年轻人都不应该只考虑风险，要琢磨怎样生活才有趣。就像我，工作起来难过得想哭。暑假结束前几天，不觉得悲伤吗？所以说，还是不要胡乱否定喜欢轻松的自己。

川村 我现在一到星期天晚上就郁闷。

糸井 不过工作这东西，长大以后试一试就会知道，其实也挺有趣的。比如我这次和你见面就是，见了以后很高兴。所以，我也会制定原则。首先，尽量事先约定，尽量守约，如果未能守约，应该诚恳道歉。确定了这三条，就不能逃避，也就不会嫌麻烦了。

川村 不管怎么说，"总之工作吧"的人还是非常多的，还有像您这样"基本上不想工作"的人。要让大家知道这两种类型的人都存在，这一点可能很重要。

（2013 年 7 月，于东京青山的东京糸井重里事务所）

复习

《不可思议，我喜欢》《美味生活》《吃、睡、玩》《无论成人、孩子、小姐姐》《活下去》。

先人一步感受到未来的空气，制成语言送给大众。

糸井重里说："我的工作就是往奶油酥饼上放草莓。"这位"语言天才"通过广告"使作品成为商品"。

他接下来要赌的，是"人"。

的确，现在最受青睐的或许就是"值得信赖的人"或"能信赖别人的自己"。

"工作只是人生的一部分""要想取胜，就该召集伙伴，不要单打独斗""要琢磨怎样生活才有趣"。

访谈持续了两小时。给我的感觉是，他一直在强调"要快乐地度过人生！"。所有言语犹如文案一般，简明易懂，发人深省，令人觉得活着真好。

糸井重里说自己"偏爱未来"，在下一个时代，他会放上什么样的"草莓"呢？说不定，他正在寻找"草莓"以外的东西。我坐在他旁边，心想：我也要在"不小看未来"的前提下，继续寻找那个"东西"。

筱 山 纪 信

不要妄图改变世界，
接纳才是最关键的。

筱山纪信
Kishin Shinoyama

1940 年　生于东京。

1959 年　进入日本大学艺术学部摄影学科就读。

1961 年　在读期间，任职于广告制作公司 Light Publicity。获第一届 APA 奖等多个奖项。

1968 年　作为摄影家独立。

1969 年　以白人、黑人、日本人为模特的裸体写真集《死亡谷》发表。

1971 年　拍摄里约热内卢狂欢节的写真集《Olele Olala》出版。

1973 年　以"男旦·玉三郎展"获艺术选奖文部大臣奖。

1975 年　在杂志《GORO》上开始《激写》的连载。

1978 年　开始任杂志《朝日周刊》的封面摄影（至 1997 年）。

1980 年　担任约翰·列侬生前与小野洋子共同创作的最后一张专辑《双重幻想》的封面摄影。

1991 年　宫泽理惠的裸体写真集《圣塔菲》出版。销量高达 155 万册。

1997 年　由杂志《BRUTUS》的著名连载汇总而成的写真集《人际关系》出版。

2009 年　在空无一人的迪士尼乐园和迪士尼海洋拍摄人气动漫角色的写真集《筱山纪信 at 东京迪士尼度假区 MAGIC》出版。

2011 年　拍摄东日本大地震受灾地的《痕迹》出版。

2012 年　于熊本市现代美术馆举办摄影展"筱山纪信展·摄影力"。后于全国公立美术馆举办巡展。

预习

工作是为了被人称赞

筱山 今天的内容就是讲我的故事？我觉得没什么意义啊。毕竟咱俩差了近四十岁，时代都不一样了。

川村 不。（笑）我有很多事情想问呢。顺带一提，我和您初次见面，是在您为杂志《BRUTUS》拍摄《人际关系》这一著名连载作品的时候，地点是在烤肉店。我当时觉得，能请您掌镜，也许一生只有这一次机会，所以紧张得腿肚子直打转，而您当时却对店里的老板娘说："哟，拍几张照片吧。"就开始聊上了。

筱山 因为那个大婶在那儿偷看呢。

川村 我看你们的样子还奇怪呢，没想到不知不觉间，您就拍完了……拍摄之前，我以为你们得经过一番较量呢，虽说不是格斗。（笑）

筱山 不用较量，我觉得她会允许我拍的。以我长年的经验，摄影师既不能趾高气扬、居高临下，也不能毕恭毕敬、低声下气。用平语说是最好的。还有，用数码相机啪啪拍下的照片，我会马上给对方看，因为我就是想听到别人称赞"拍得真好"才从事摄影的。（笑）

川村 "想听到称赞才从事摄影"，这句话说得太好了。

筱山 比如说，拍摄完全陌生的孩子时，我居然会很紧张。以前，我第一次拍后藤久美子的时候，她还在上小学五年级，是个非常美丽的少女，完全是个绝佳的模特，但同时，我又不知道究竟该怎么拍她。当时还没有数码相机，我用宝丽来拍立得啪啪拍了几张给她看，她说"好可爱啊，拍得真好"。这么一来，孩子心里就能知道"这个人拍得很好"。后来，她整个人似乎一下子变了，放得开了，所以拍得特别真实。

川村 您说啪啪拍，可见您拍照的速度真是快呀，感觉像变魔术一样，不知道什么时候就拍完了。

筱山 摄影师和魔术师其实很像，因为照片也有某种程度的欺骗性。我不知道其他人为什么要花那么长时间，但我们在拍照之前，不是都得思考该怎么拍吗？而我完全没有那种让对方配合自己想法的不逊态度。（笑）

曾经后悔痛哭的上班族时代

川村 听说您二十多岁时曾在广告制作公司上班？

筱山 是的。我上大学时是二十世纪六十年代，当时日本正处于高度成长期，只要上个好大学，在好公司上一辈子班，就能过上轻松的生活。

川村 看来那是个当了上班族就是人生赢家的时代。

筱山 不过，我是寺庙住持的次子，哥哥子承父业当了和尚，而我进了增上寺经营的中高一贯制的芝高中，所以毫无压力，干什么都行，是一个既无野心、又缺乏自主意识的无可救药的少年。后来，我果然大学落榜，但那时我觉醒了，觉得进一家好公司上班太无聊，恰好报上登出了日大摄影学科的招生启事，我就想：如果今后要做生意，从事摄影不就很好吗？

川村 真是个很"随便"的理由啊。

筱山 嗯。而且，我还不想干新闻摄影。既然要当成工作或生意来做，赚钱的当数拍广告，也就是当时所谓的商业摄影。这就是我当初自作主张的动机。于是，我就直接上学了，可是学校完全不教怎么摄影。我觉得很失败，就白天上日大，晚上去专门学校，持续了两年。大学三年级的时候，我从专门学校毕业后，看到广告制作公司 Light Publicity 正在招募摄影师，专门学校的人说："学生也可以，你去试试吧。"我就去了，当时还在读大学呢。

川村 然后就被录用了？

筱山 是的。入职以后，我还狂妄地说："一开始就当摄影师好了，我不喜欢当助理。"

川村 那可真是够狂妄的。（笑）

筱山 当时，Light Publicity 里全是非常优秀的摄影师，那些人都需要助手，但他们对我还是充满怀疑，觉得我"分明就是个中途辍学进来的半吊子"。而且上头还说，"既然你说自己行，那就试试看吧，但是不能给你安排助手"，于是给 8×10 相机装胶片、在暗室里冲洗、冲印，都得自己干。这些作业非常烦琐，令我吃尽了苦头，甚至还曾后悔得哭了。

创造性和商业性融为一体

川村　看来您的技巧是在那时锻炼出来的。认识您的人，都会异口同声地说您"技巧相当出色"。

筱山　我在公司里干了六年半，却没有老师。从日本航空的飞机，到御木本的珍珠，拍摄技巧都是在现场记住的。而且，由于公司很有名，所以我也接了许多兼职工作，赚了不少钱，令我觉得"摄影师的世界果然叫人很满意"。然而，我还是觉得无聊，因为得依从客户的意愿，由优秀的设计师画出甚至"复印出来就能直接用"的漂亮草图，我再按图拍照，所以很没意思。

川村　原来如此。

筱山　当时，摄影杂志《每日摄影》的著名编辑山岸章二先生正好去日大看毕业作品展，他对我说："你的作品很有趣，带上毕业相册来找我吧。"于是我就去了，他啪啪啪地快速翻看了我花一年时间制作的相册，大模大样地说："这张、这张，还有这张，会登在下月刊上。"他还说："你今后还会努力当摄影家吧？那样的话，你得起个合适的标题。"于是，在我二十五岁那一年，《荣光》这个标题和"筱山纪信"这个名字一同出现在了杂志上。

川村　听起来似乎挺受欢迎呀。

筱山　可不是吗，我也觉得自己很吃香。（笑）这一来我就发现，搞创作比拍广告更有意思。只不过，搞创作一点儿也不赚钱，因为在当时，土门拳、木村伊兵卫等星光熠熠的摄影家正是当打之年，作品接连问世。不过，其间出现了一家小众传媒杂志，和田诚先生曾为之做推广，刊载我们这些年轻人的摄影作品，那就是《谈话特集》。我投入兼职赚来的钱，开始为这家杂志拍摄作品。也就是说，我是到了二十五岁之后，才终于开始使用创造性较强的表现手法。

川村 一般人都是从一开始就以成为创作型的摄影家为目标，您却恰恰相反。实际上，您的作品介于创造性和商业性之间，很难分清其间的界线，非常耐人寻味。

筱山 因为二者已经融为一体了。一方面，我有些拍广告的技巧，而当时正年轻，所以还有很多想要表现的东西。再加上二十世纪六十年代的时代特性，用电影来说，大概就是新浪潮的全盛期。

川村 让·吕克·戈达尔。

筱山 比如去新宿的酒馆，你会看见唐十郎和寺山修司正在争吵，对面则是三岛由纪夫和涩泽龙彦在讨论文学。

拍完里约热内卢的狂欢节，决定"接纳世界"

筱山 找到自己想做的事情后，我就离开了公司。1969 年，也就是 29 岁那一年，我的代表作品《死亡谷》诞生了。

川村 那是什么概念的作品？

筱山 1969 年是阿波罗首次登月年，电视里整天都在播放宇航员在月球表面蹦来跳去的画面。我看了就想，要是在那里裸体，不知会是什么感觉。（笑）于是，我就带着白人、黑人和日本人模特去了地球上最像月球的死亡谷。

川村 这么说，概念就是月表裸体？

筱山 其实我也挺讨厌拍那种东西。（笑）我觉得，摄影所要表现的，不应该是抽象的东西，例如拜金主义泛滥，却依然难以满足无限膨胀的欲望……要我说，还是现实中发生的事情更有趣。所以一过三十岁，我就去了里约热内卢的狂欢节。

川村 为什么会想到去里约热内卢呢？

筱山 当时我觉得，拍摄《死亡谷》那样的作品是没有出路的，而我的想法很简单，就是觉得在里约热内卢拍四天热闹的狂欢节，说不定能有转机。可我去了一看，街上到处都是跳舞的人，我拿起相机想拍照，却连街对面都过不去。后来我发现，只要跟着他们一块儿跳桑巴就行了。这么恰、恰、恰地一试，果然就到街对面了。（笑）

川村 哈哈哈。

筱山 由此可见，我们不要妄图改变世界，关键在于要有接纳精神。只要接纳世界，就能水到渠成。这一点很重要。那四天里，我一直都在拍摄，真的一觉也没睡。后来，《花花公子周刊》将那些作品出版成书了，但据说，其实是出版社剩了不少劣质印刷纸，所以只能找点儿东西出版。

川村 又是一个很随便的理由。（笑）

筱山 《Olele Olala》这本写真集，除了使用劣质纸之外，还由于缺少资金而没能全部制成四色彩印，所以有些书页是双色的。最后甚至还加入了日立的剃须刀广告。也就是说，这本写真集是收了日立的钱才得以出版的，只有广告那页用的是高级纸。（笑）

川村　写真集里加广告？

筱山　总之是费尽千辛万苦才出版的，可谁也没想到，劣质纸那种稍显脏兮兮的感觉，反而成了卖点，因此大受欢迎。

川村　也就是说，机会不是做表面功夫就能抓住的。换成是我，可能会说"用劣质纸就不出了"。从这个故事中，我也感受到了您的自尊心——即使用的纸很差，只要作品好就不怕。

筱山　对纸质挑三拣四可不行。我们不能为了不失去最重要的力量，就一直把它关起来。

必须与时代相符

川村　在里约热内卢觉醒之后，您是怎样度过三十多岁的时光的？

筱山　我还开始为文艺杂志《明星》拍封面，从艺术摄影家变成了文艺摄影家。因为照片这东西有种特性，就是可以印刷很多张，用很少的钱就能让很多人看见，所以没必要费尽力气去看美术馆里的那一张。

川村　如今，很多人都从现代美术转向摄影，用照片作艺术品，您的立场却恰恰相反，认为拥有巨大影响力的照片之中包含了部分艺术。

筱山 至少我正在做的事情并非"艺术"。还有，当时正处于二十世纪七八十年代的过渡期，摄影新闻（以摄影杂志为核心的新闻报道）进入黄金期，偶像逐渐兴起，《明星》杂志的发行量曾高达二百万册。我想说的是，还是得与时代相符才行。我是在六十年代积攒了大量燃料，飞到了很高的地方，所以现在可以切断燃料供应，在空中绕圈也掉不下来。现在的人即使想用我当初的做法，也行不通，因为时代不同了。（笑）

《人际关系》《激写》的企划力的秘密

川村 其实从现在开始才进入正题，到了我最想聊的部分。您作为摄影家的技巧能力无须多说，而我觉得您的企划力也非常强大。一开始提到的《BRUTUS》的《人际关系》就是如此，《激写》等作品的文案感和企划力也是出类拔萃的。

筱山 不过，仔细想想的话，肯定是有一个明确答案的吧。

川村 还真的很难确定。

筱山 是吗？我一边拍广告，一边搞创作，还是觉得两者之间的平衡很重要。通常人们一提起我，就会想到"筱山纪信？啊，是那个专拍裸体的家伙"，但实际上，我还做了很多别的工作。比如，我一直都在拍日本的房屋、食物，还去了东京迪士尼乐园和东日本大地震的受灾地。

川村 我也在做着"不着边际"的工作，所以深有同感，但不管怎样，您的"不着边际"是一流的。

筱山 我不想把自己限定在一个方向上，被别人说"筱山就是这个样子"，我一定要背离别人给我设定的形象。一开始我说，我是为了得到称赞而工作的，但是即便被人称赞，我也会一面说"谢谢，我的照片有那么好吗"，一面背过身去吐舌头做鬼脸。被世人称作巨匠或庸才的时候，要是不这么做，就容易迷失自我。举办作品展也是如此，被人誉为"集大成者"，就更容易得意忘形了。

川村 "不愧是筱山先生。"——除了这一句，我真的无话可说。（笑）顺便问一下，《激写》这部作品，标题是比照片先完成的吗？

筱山 是的。之前我一直为集英社的《花花公子周刊》拍裸照，有一次还跟美国的《花花公子》签了合同。

川村 就是用兔子作标志的那本杂志吧？

筱山 后来美国人发行了《花花公子月刊》，我的责任编辑都去了那边。他们以为我肯定也会为月刊拍照，可是美国人的裸体，身上涂抹了东西，看起来像塑胶玩具一样，我觉得那并不是真正意义上的裸体，所以不想拍。于是，我就说"我不去月刊那边"，结果小学馆就来找我了。他们的杂志《GORO》创刊后一直滞销，当时正值创刊一周年，问我能不能为杂志拍张照片，用在卷首，我就趁机"转会"了。

川村 是主动转会。

筱山 第一次，我提议拍山口百惠，还必须起个标题，我就想到

124

了《激写》，后来做成了裸照连载。当时肯脱衣服的女孩子，只有专业的裸体模特、绘画模特和色情片女演员。然而《激写》系列，一直都是让偶像和普通人脱光的。

川村　也就是用普通人充满生命力的裸体去对抗外国的塑胶裸体。

筱山　日本女性敏感柔嫩的肌肤实在是太美了。

川村　您创造的"激写"一词，如今已成为广泛使用的日常用语了。

筱山　我说过很多次了，我是为了得到称赞才从事摄影的。（笑）回头我会考虑这次访谈的读者喜欢什么样的作品，而不是我自己想拍的作品。

坚持很重要

川村　不管怎么说，您还从来没有状态低迷的时候呢。

筱山　一时状态低迷的人，不都是创作原创作品的人吗？还有我觉得，不管是一时低迷还是遭遇什么别的挫折，继续坚持很重要。只要还在活动，就能遇见各种各样的人，从中就可能生出契机。从这个意义上讲，我还是受惠于时代和时人的。泡沫经济时期也好，经济反弹时期也好，都会发生有趣的事，而我只是近乎贪婪地关注着这些"人、事、物"罢了。

川村　话虽如此，要注意到有趣的"人、事、物"，其实并不容易吧？

筱山　确实不容易。

川村 而且，您都是在对象处于最佳状态时进行拍摄的。《激写》第一期的模特选了山口百惠；拍摄约翰·列侬，也是在他被枪杀的两个月前与小野洋子合作《双重幻想》的时候；宫泽理惠的裸体写真集《圣塔菲》，也是在她十八岁的青春年华拍摄的。还是因为您时时领先一步，所以能抓住那些最美好的瞬间。

筱山 拍山口百惠是在她走红之前，至于约翰和洋子，在《双重幻想》完成的六年之前，我就在纽约拍过一回洋子。只不过，当时他俩正在闹别扭，约翰去了洛杉矶还是什么地方，总之二人分居了。后来，洋子与回到纽约的约翰共同制作了新专辑，开始了新生活。洋子说"那就让筱山拍封面吧"，直接给我打来电话。那段时间或许是他们最幸福的时光，所以照片拍得非常理想。能遇到那样的瞬间，也是摄影师的幸运。

川村 因为您一边接纳着眼前的时代，一边又始终关注着领先一步的"人、事、物"，所以真到了那个时代的时候，您就能完成了不起的工作了。

筱山 我的确讨厌跟在屁股后头追。所以，遇到事物时要抱有幻想，不妨试着拍一拍，说不定会很有趣呢。这一点很重要。

要想学习如何工作，一起干比听故事更有效

川村 您在拍摄新人的时候，知道哪个人会红，哪个人不会红吗？

筱山　不知道。我只会想，这个人我想先拍本写真集试试，或是想一直拍下去，但基本上，对方在拍照时都会表现得很耀眼。只要当时状态好就行，至于以后会不会红，那就与我无关了。（笑）

川村　能将此刻这一"瞬间"包装起来，正是照片的力量。

筱山　照片这东西很可怕。歌舞伎演员和芭蕾舞演员最终留下的，不是活动的影像，而是决定性的一瞬间、一张照片。没有声音，没有动作，也没有电影般的对手和台词。正因为什么都没有，反而强烈地凸显了人。我拍坂东玉三郎一直拍了四十年，曼纽尔·勒格里也曾一丝不挂地在我面前跳舞。

川村　我越听越觉得，您可真是什么都拍啊。（笑）

筱山　最近，我去种子岛拍火箭了，到了发射前约一小时，我突然意识到："对了，曝光该设成多少？"因为我没拍过火箭，所以不知道。

川村　那最后拍成了吗？

筱山　拍倒是拍下来了。总之我想说的是，我还有很多没拍过的东西。所以，咱俩找个题材合作一下吧。就拿今天来说，我还以为不是要谈我的故事，而是你能带来对我有好处的话题呢。

川村　我倒是想过，可谁叫您无论做什么事都提前呢。（笑）

筱山　不过，关于工作，比起听故事，一起干更能学到东西哦。（笑）

（2013 年 8 月，于东京赤坂的筱山纪信事务所）

复习

"要讲我的故事？我觉得没什么意义啊，毕竟时代都不一样了。"

请……请等一下，纪信先生。原本很紧张的我，现在想笑。

重逢不到五秒钟，我的紧张就被缓解了，取而代之的是身处家中的安心感。这是一种自己"被接纳了"的感觉。

"不要妄图改变世界，接纳才是最关键的。"

三十一岁。独自一人带着相机，冲到里约热内卢的狂欢节上，却不得不面对"必须跳舞才能拍照"的窘况。彼时，筱山纪信决定"接纳世界"。

《人际关系》《激写》《双重幻想》《圣塔菲》，从歌舞伎、偶像、音乐家、震灾到迪士尼乐园。

里约热内卢后的四十年间，他超越了时代和题材，一边与拍摄对象共舞，一边不停按下快门。

访谈结束时，他追问"没有什么对我有好处的话题吗？"，还说"关于工作，比起听故事，一起干更能学到东西哦"。笑声再起。直到最后的最后，我还被他捉弄于股掌之间。

的确，要想掌握这种魔法，似乎和他一起工作会学得更快。

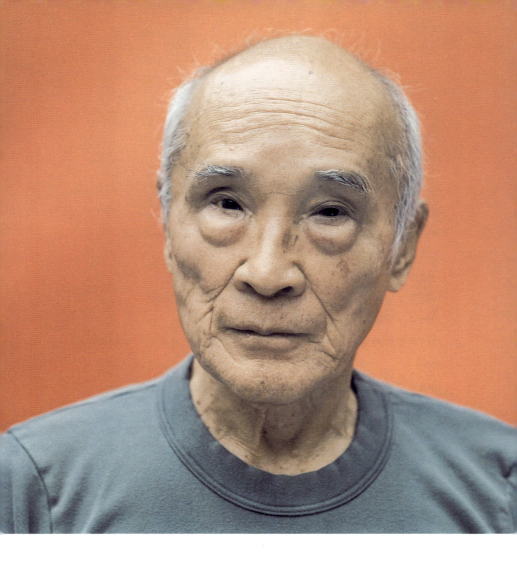

谷川俊太郎

只要是能够触及人类集体无意识的工作，
不就很好吗？

谷川俊太郎
Shuntaro Tanikawa

1931 年　生于东京。

1950 年　经诗人三好达治介绍，在《文学界》上发表诗《尼洛》等五篇作品。

1952 年　以处女诗集《二十亿光年的孤独》出道。

1962 年　以《月火水木金土日之歌》获日本唱片大奖作词奖。

1963 年　为电视动画片《铁臂阿童木》的主题歌作词。

1965 年　作为编剧之一参与的、由市川昆导演的纪录片《东京奥林匹克》公映。

1968 年　诗《早晨的接力》发表。

1969 年　译作《小晕———一条聪明小鱼的故事》出版。

1971 年　诗《活着》发表。绘本《史努比》出版，开始翻译该系列。

1975 年　以绘本《鹅妈妈童谣》获日本翻译文化奖。

1977 年　绘本《噗～噗～噗》出版。

1981 年　绘本《文字游戏歌》出版。

1982 年　以诗集《天天的地图》获"读卖文学奖"。

1993 年　以诗集《不谙世故》获第一届"荻原朔太郎奖"。

2010 年　以诗集《特罗姆瑟大学》获第一届"鲇川信夫奖"。

2011 年　收录自作诗的 iPhone 软件"谷川"发售。

2012 年　开始通过"Poemail"邮寄赠诗。

2014 年　与漫画家松本大洋合作的绘本《金井君》出版。

预习

作为诗人参与电影《东京奥林匹克》的编剧工作

川村 我小时候最先买的绘本，就是绘本作家李欧·李奥尼的作品，其中很多都是您翻译的。从那以后的三十年间，我一直都是您的粉丝。

谷川 谢谢。

川村 后来我也一直很喜欢您的绘本，长大以后还读呢，现在我的孩子也在看您的绘本。还有，最近我自己也写了《蒂尼——气球犬的故事》和《木木》两本绘本，而在写作过程中，我经常把您的作品放在手边。

谷川 画画的是哪位？

川村 《蒂尼》的绘画拜托了平面设计师佐野研二郎先生。故事讲的是，一条名叫蒂尼的小狗用气球卷住身体，飞到了云彩上，发现那里有一个"气球动物"之国。创作灵感来自我小时候一感冒就常做的梦，我梦见自己被气球吊着，飞到了云彩上，战战兢兢地从云彩上探出头，看见了许许多多的动物，它们也被气球吊着，浮在空中。

谷川 真是个好梦，长大以后还能促成工作。

川村 对。（笑）《木木》的绘画拜托了青年插画家益子悠纪女士。故事讲的是，存在于被遗弃的物品里的"与物主的回忆"变成了面团般的生命体。

谷川 很超现实但也很有趣的构思。

川村 其实，故事开头的"在广阔世界的角落里……"，还有"名

132

叫木木"的段落，都模仿了您翻译的几本绘本。

谷川　真是"小晕"啊。（笑）

川村　抱歉……（笑）对了，您不仅活跃在绘本翻译界的第一线，同时又是日本的代表性"诗人"，那我想顺便问一下，除您之外，当今日本以写诗为工作的还有几人？

谷川　就我而言，"诗人"不过是个名称，我并非只写诗，还有杂文之类，已经写了六十多年，都写烦了。（笑）总而言之，光靠写诗是很难糊口的，起初我还写儿歌的歌词、纪录片和广播剧的剧本等，赚了不少生活费。

川村　的确，您在三十三岁时，作为编剧之一参与了市川昆导演的纪录片杰作《东京奥林匹克》。

谷川　那部纪录片有多个编剧，当时东宝的制片人读了我的诗，就推荐我加入其中了。

川村　诗人当编剧这种事很常见吗？

谷川　市川先生想要的不是老套的剧本，而是有新意的剧本，至少也要让影片的每个场景看起来都像一种文体，所以我这样的人就派上用场了。虽然印象不是很清楚了，但我还记得，我写过比镜头呈现的内容稍慢半拍的解说词。

对文字不信任，总是抱有怀疑

川村　那部影片因为您所写的解说词与影像之间的错位——或者

133

说是一种温差——而成为划时代的作品。我在制作电影时，也想尽量留下让观众摸不着头脑的、感到违和的东西。从这个意义上讲，您的绘本《噗～噗～噗》就很有震撼力。这本尽是拟声词和抽象画的绘本充满了违和感，却引得小孩子爆笑连连。

谷川 在我看来，诗不仅是意义的关联，还是声音的关联，所以我在这方面的推敲上很下功夫。但也由于这个缘故，即使词句不断涌现，写出开篇的几行，却得用两三个月才能写到二十行。因为我会出声朗读，留意诗文的韵律听起来是否舒服。

川村 我作为身处电影世界，为了逗人发笑或催人泪下而从平时就不断积累情节和台词的人，对于您仅靠发音就能逗笑孩子，表示羡慕嫉妒恨。（笑）

谷川 我对文字很不信任，总是抱有怀疑。我有一首意外出名的诗，第一行是"一件可写的事也没有"。有一次我想了想，觉得"既然都这么说了，怎么还能写出第二行呢"。（笑）总之，我后来想明白了，散文像这样写就是撒谎，但诗则无妨。这是我创作生涯的一个转折点。或者可以说，诗怎么乱写都行，因为写诗无关真伪，而只在于是否高明。

和家人在一起好好生活，远比写出好诗更重要

川村 您在十多岁的时候就以诗人身份出道，可以说起步非常早。

那么，您当时以天性所写的诗，是从何时开始变成现在这种风格的呢？

谷川 从三十多岁写《文字游戏歌》时起，我开始自觉地对文字展开思考。那是一首近乎无意义的、没有任何信息的诗，而现代诗偏重意象，会使用很多思想性、观念性的词句，所以逐渐变得不受欢迎了，但我觉得，日语这种语言应该更丰富才对，所以我就想对日语的各方面进行挖掘，用来写诗。

川村 当诗逐渐变成知识分子专属物的时候，您把活动范围扩展到了绘本等领域，同时解放了诗本身。

谷川 以前有人说我是"PARCO"，就是说我什么都卖。

川村 "PARCO"是个百货商店的名字吧？

谷川 是的。可我要是什么也不卖，只怕早吃不上饭了，而我一向觉得，和家人在一起好好生活，远比写出好诗更重要。光靠诗是绝对无法生活的。

川村 您能说出这种话，我觉得很了不起，因为有太多的创作者一心想消除这样的生活感呢。

谷川 的确，我在诗文朗诵会等场合接受非常高级的提问时，只要一说"我需要钱，所以开始做写诗以外的事"，就会招来大家的嫌弃。可是，金钱的确是基础啊。

川村 凭借感性的创作与以赚钱为目的创作容易被人区分对待，但是像您这样的前辈，为了糊口而始终保持一流的创作力，以如今的高龄仍然活跃在第一线，会给现在的创作者们带来勇气。

谷川 这跟我是独生子也有很大关系。我没有兄弟姐妹，也没有吵架的对手，独自一人度过了青春时代。可一旦开始写诗，读者就是必不可少的，不是吗？所以我通过写诗，也明白了没有别人不行的道理。我一直觉得，通过赚钱，我得到了别人的认可和接受，而我也因此变得成熟了。

十多岁时的感受性，成就了现在的感性

川村　也就是说，您是为了赚钱才拓宽工作范围的，但我觉得，这也正是您至今依然宝刀不老的原因之一。不然的话，您可能早就变成"金盆洗手的诗人"了。

谷川　唔，这就难说了。基本上，我是个讨厌权威的人。我的父亲是大学老师，或许是尤爱权威的缘故，他总是崇尚高品位，而我是把他当成反面教材长大的。我的母亲和他相反，喜欢玩笑逗趣，所以我能在各种领域开展工作，可能是得到了她的遗传。还有，总是做同一件事，自己也会觉得腻。

川村　明白。我为了不厌烦电影，也开始创作小说和绘本了。

谷川　长期使用一种写法去创作，我会逐渐感到厌烦，觉得"一直写这样的东西有意思吗"，等突然回过神来，才发现自己已经掌握了不同的写法……我觉得，我就是在不断如此重复。

川村　然而，日本这个国家存在一种倾向，就是崇尚对某一样事物一直深入挖掘下去。说是工匠精神也行。

谷川 没错没错。我也觉得，一棵树从小树苗开始长大，逐渐枝繁叶茂，最后变成老树，这样的成长方式是最理想的，像这样的诗人也是有的。但是，这些人另有生存之道，所以他们能专心写诗，不用考虑赚钱的事。

川村 从这个意义上讲，您从事着各种各样的工作，有点儿像杂树林，但这片杂树林却整体呈现出统一的色调，我觉得真的很棒。

谷川 你能这么看，我很高兴。有些东西是我无论如何也离不开的，比如十七八岁时的感受性，至今仍存在于我的心中。我不知道这样是好是坏，但在尚未踏入社会的年轻时期，我就在思考"宇宙中的自己"之类的事。我觉得，当初的那种感觉至今仍在成就着我的感性。

为了免于灭亡，诗正在"垂死挣扎"

川村 咱们再回头来谈谈"诗人"。说起来，您曾为《铁臂阿童木》的主题歌作词，正因如此，现在像井上阳水那样的创作型歌手，还有糸井重里那样的广告撰稿人，也给人以一种"诗人"的印象。

谷川 是的。从歌词和广告的角度去看，他们的作品很有魅力，而作为诗读起来，更是与时代极为契合，让我感到自愧不如啊。

川村 可是，歌词要和音乐组合才能成立，广告文案也得与商品配套才行，而诗，只能单独成立。我想，这也是诗会扩散到其他领域的理由之一吧。

谷川 以前有个说法叫"纯粹诗"，就是说诗必须是纯粹的，而我开始写诗那会儿，曾因接受约稿，为报纸和其他媒体写诗，而被诗人同行斥责"给商业报纸写诗算什么事"。昭和二三十年代的诗坛，就飘荡着这样的空气。诗的存在，与其他文学形式泾渭分明。

川村 曾经还有那样的时代啊？

谷川 而如今，除了音乐和广告，诗已渗透到时尚、漫画、动画等众多领域，大家的诗性欲求都得到了满足。那些只写空行现代诗的人，不管多么努力给已结晶的诗催熟，都很难结出果实。

川村 这样下去，现代诗的前景堪忧啊。

谷川 大概还是会更进一步地融合吧。即便如此，我也做好了把空行现代诗继续写下去的心理准备。所以，我目前正在考虑通过什么媒介把这样的诗送到人们身边，是在电子公告牌上读诗，还是以信件的方式寄诗，还是通过邮件杂志推销诗……只要能在某个小共同体内发挥作用就好，因为诗的力量太微小了，完全不同于权利和财富。以前我也曾想通过大众媒体，大规模地推广诗，但后来就改变主意了。

川村 太棒了，进展挺顺利啊。

谷川 不是进展顺利，而是垂死挣扎。（笑）为了免于灭亡。

川村 可是，我最近把小时候读过的《活着》和《早晨的接力》重新读了一遍，又被感动了。《活着》的开头是"所谓活着，所谓现在活着，就是口渴"，《早晨的接力》的开头是"堪察加的年轻人，梦见长颈鹿时，墨西哥的姑娘，正在晨雾中等待巴士"。而且我觉得，这种普遍性的感动，只有通过读诗才能体会。例如，上小学时觉得感人的电影，长大以后就很少会被感动了。还有，读《早晨的接力》时，我眼前甚至会浮现出一幕幕的影像呢。

谷川 因为我是看着地球仪写的。（笑）我怕弄错日出的方向，那就糟了。

关于工作、结婚和离婚

川村 顺带一提，我无论如何都想听您讲讲您的四次人生。

谷川 你是在讽刺我离过三次婚。（笑）

川村 所幸我还没经历过离婚，抱歉问了这个私人问题……

谷川 刚才也说过，我是独生子，而且有着彻头彻尾的恋母情结。总之，我当初觉得没有女人就活不下去。这是我最初的出发点。换句话说，因为母亲和独子是一对一的关系，所以我对一夫一妻制抱有强烈的憧憬。为了守护一夫一妻制，我曾宣称绝不离婚，出轨就更不用提了。然而现实却是，和一个妻子白头偕老并不容易。（笑）而且我那时觉得，从事创作的女性比贤妻型的女人更有趣。

川村 真矛盾啊。（笑）

谷川 所以说，我是打算坚守一夫一妻制的，只不过是和三个不同的人。

川村 原来如此。（笑）而且，不同时期的夫人的影响，在您的诗里似乎体现得很明显。

谷川 相当明显。我为此备受批评，还有人说我"女人比诗更重要"。

川村 这话说出来也很危险啊。

谷川 危险吗？英国诗人托马斯·斯特恩斯·艾略特的著名诗句中也提到："出生，性交，死亡。人生不过如此。"我认为这是基线，写诗不过是表层上的东西，如果继续向下深入……

川村 就会发现性欲。

谷川 没错。只有男和女。这是生物的共性，所有生命概莫能外。

川村 顺便问一下，据说离过婚的人分为两种——以后绝对不会再婚的人和还会多次结婚的人。是这样吗？

谷川 千真万确。我的第一次结婚，实在过于幼稚，根本称不上是结婚，所以我打算二婚一定要结得正式，而到了第三次就觉得，即使没有法律上的婚姻关系也无所谓。只是在出国时，护照还得各拿各的，在美国去住汽车旅馆，也会被一遍遍地追问"你们是夫妻吗"。因为太麻烦，我就说"要不结婚吧"，于是就结了。

川村 和同样从事创作的人成为伴侣，我也总觉得不拿出拼劲来就会落入下风。

谷川 第三个妻子（佐野洋子。著名绘本《活了100万次的猫》的作者）尤其如此。不过反过来想，身边时刻有一个出色的批评家，是多么幸运的一件事啊。真正能对我的工作提出批评的人，非她莫属。当时所谓的新闻批评家，根本什么也看不出来。而且由于住在一起，我真的是从头到脚没有一处不被批评的。（笑）

人对活着也会厌倦

川村 经过那些日子，您对现在的单身生活有什么感觉？

谷川 因为我是独生子，所以感觉挺轻松的。经常有人问我：回到家里，没人为你点亮电灯，也没人为你准备热乎乎的饭菜，你不感到寂寞吗？事实上，我回到漆黑一片的家里，看到房间里空无一人，反而会松一口气。要是有人的话，指不定会发生什么事呢。（笑）不过，人到了八十岁以后，不光是工作什么的，连活着也会感到厌倦。（笑）

川村 人对活着也会厌倦吗？

谷川 是的，因为人类世界正变得格外差劲。但也并不是说就想去死。

川村 可是，您以人生入诗，随着年龄增大，又是独自生活，作品会不可避免地贴近死亡吧？

谷川 基本上，我会感到好奇，想知道死亡究竟是怎么回事，有时也会怀疑死后说不定会去一个比这里更好的世界，可是宫泽贤治的作品，却把死后的世界描写得真实而又可怕。

川村 我有时候会想，运动员退役时基本上都会对外宣布，那么创作者隐退时需不需要宣布呢？

谷川 我觉得，要是写不了了，不如自然而然地结束。我大概说不出"你们都好好看着，我要隐退了"那种傲慢自大的话。在音乐上，我也不大喜欢贝多芬那种结束得很夸张的风格，倒不如弹个渐弱音，慢慢变小直至消失，岂不更加令人欣赏？

希望从事超越语言的、能够触及人类集体无意识的工作

川村 您刚才说"人对活着也会厌倦"，真是一句金句啊。那么，您对工作感到厌倦的时候，也会休息吗？还是会暂且继续干下去呢？

谷川 我会换个类型，改变步调。比如诗写烦了，就去翻译。

川村 是不是在翻译过程中，又会变得想写诗了？

谷川 那我倒是不清楚，但是会有完成工作委托的欣慰和快乐。

川村 有工作委托竟然这么重要？

谷川 我觉得非常重要。别人有事相求，真的令我感到幸福。现在不是有很多没工作的人吗？

川村 您自己会分析为什么工作委托源源不断吗？

谷川 大概还是因为我做过很多领域的工作吧。现在的工作委托也不光是写诗，很多都是创作原创绘本、翻译绘本、在舞台上交流、和我的音乐家儿子谷川贤作一起布置歌和诗的舞台，等等。就说你吧，也会觉得电影之外的工作很有趣吧？

川村 写小说时只有自己一个人，很孤独，但也正因如此，才能潜入自己的心灵深处。绘本则有画手一起，所以文字与绘画的对

话很有趣。二者都是新鲜的体验，所以都很愉快。

谷川　我最近也在创作系列绘本，请画坛的前卫画师绘画，我在后面加上文字。每当把画在地面上铺开，冥思苦想之际，文字突然涌上心头，那种感觉非常愉悦。

川村　和别人一起工作，也能极大地扩展自己的可能性。

谷川　没错，因为人类拥有同样的大脑。心理学有个专业术语，叫"集体无意识"，我也一直觉得，只要能够超越语言的隔阂，触及人类的集体无意识，不就很好了吗？

川村　我也再次生出了同各种各样的人一起工作的憧憬。即使一个工作厌倦了，也会接到别的工作委托。

谷川　跟结婚对象还请专一。（笑）

（2013 年 10 月，于东京杉并的谷川俊太郎家兼工作室）

复习

　　八十二岁的现役诗人，穿着一件华丽的 T 恤衫出现，带着我们去了他家。

　　这位诗人说他"对文字很不信任，总是抱有怀疑"，将童年时期的生理和感觉妥善地藏在内心深处，一直从事着"超越语言的隔阂，能够触及人类集体无意识的工作"。

　　谷川俊太郎说："我一向觉得，和家人在一起好好生活，远比写出好诗更重要。"他感受"日常"的力量，将其化作极能唤起共鸣的文字。

　　分别之际，我把自己最近创作的绘本送给他，他说"那我也得送你点儿东西"，也把他的绘本送给了我。我回到家里展卷细读，其中的文字竟仿佛具有惊人的魔力，令人心情愉悦，似乎带我回到了童年。

　　《二十亿光年的孤独》《尼洛》《活着》《早晨的接力》，以及《小晕》《史努比》《鹅妈妈童谣》。

　　那些读过无数次的清新隽永的文字，一下子都复苏了。我像个孩子般激动，把刚收到的绘本读了一遍又一遍，其中那幸福洋溢的文字，只有视生活和家人胜过一切的"诗人"才能编织得出。

铃 木 敏 夫

大家最近都在小心翼翼地搞创作，
所以完成时的内容会与时代脱节。

铃木敏夫
Toshio Suzuki

1948 年　生于爱知县名古屋市。

1967 年　进入庆应义塾大学文学部就读。

1972 年　进入德间书店工作。被分配至《朝日艺能周刊》。

1978 年　参与月刊动漫杂志《Animage》的创刊。

1981 年　在《Animage》上担纲制作宫崎骏特集。

1982 年　在《Animage》上开始连载宫崎骏的漫画《风之谷》。就任副总编。

1984 年　参与电影《风之谷》的出品。

1985 年　以德间书店职员的身份参与吉卜力工作室的创立。

1986 年　就任《Animage》第二任总编。参与电影《天空之城》的出品。

1988 年　参与电影《萤火虫之墓》《龙猫》的出品。

1989 年　参与电影《魔女宅急便》的出品，成为吉卜力工作室的专职成员。
此后经手从《岁月的童话》（1991）到《起风了》（2013）的所有剧场作品
的制作。

2001 年　策划并创建三鹰之森吉卜力美术馆。

2005 年　就任吉卜力工作室董事长兼总经理（自 2008 年起，任董事长兼制
片人）。

2013 年　自传式访谈录《吉卜力的风》出版。担任电影《辉夜姬物语》的
企划。

2014 年　获艺术选奖文部科学大臣奖。以出品人（总经理）的身份参与电
影《记忆中的玛妮》的制作。

※ 上述内容仅为部分工作。

预习

身为当事人，却把自己放在旁观者的立场上

川村 在这次会面之前，作为预习，我读了《Rockin'on》杂志的涩谷阳一先生对您的采访实录《吉卜力的风》，发现您对年轻时的事情记得可真清楚。

铃木 大家不都是这样吗？

川村 我就完全不记得了。

铃木 当初有些事情本来是准备要说的，可接受采访时却怎么也想不起来了，最后就没说。其中有个小趣事，就是我上高中的整整三年间，每周六都会去学校附近的快餐店吃饭。一年吃五十次，三年就是一百五十次，但我没花过一分钱。

川村 这是什么制度？

铃木 不是什么制度，就是普通的快餐店。我应该是和朋友一块儿去的，吃完之后，一般不是说声"承蒙款待"，然后付钱吗？可我不记得自己付过钱。

川村 这不就是吃霸王餐吗！（笑）

铃木 我一直为此苦恼，不晓得店老板知不知情，也搞不懂自己当初究竟是出于什么心态，竟然做出这种事。（笑）

川村 顺带一提，聊到这里我发现，最有意思的事情是，您的运势特别强。

铃木 啊？

川村 我也明白为什么有那么多人支持您了。最近，我观看了

高畑勋导演历时八年完成的《辉夜姬物语》（以下略称为《辉夜姬》），结果被出品委员会的成员名单吓了一跳。

铃木 那部电影有七家公司出资，包括电通和博报堂，还有七家出版社协助制作。

川村 如此大规模的强强联合，真是前所未有啊。

铃木 我也觉得很不可思议，所以心里很感激。

川村 不不，促成合作的正是您本人啊。（笑）还有，您无疑是全日本出品最多热映电影的制片人，但您不管谈论什么，都好像与己无关一样，包括现在的谈话也是。

铃木 的确，最近我在各种场合都说过："我总是站在一旁'看热闹的人'"。我虽是当事人，却经常把自己放在旁观者的立场上。

川村 这种性格与编辑出身也有关吧？

铃木 关于编辑这份工作，我当初大学毕业后进入德间书店时，曾遭到朋友的极力反对。他生气地说："你去干那种把所有事情都变得与己无关的职业，是不是打算放弃自己的现实人生了？"

川村 哦？

铃木 原本，我的梦想是当老师，当时只要提交资料，就能成为教职人员，但还是那个朋友责问我："你不打算参与现实人生的奋斗了吗？"所以就没成。可是除了当老师，我左思右想也不知道自己该做什么，而在思考的过程中，就业考试渐渐结束了，我就在某人的建议下，接受了出版社的录用。到了现在这个岁数，从我的切身感受来说，因为我是周刊杂志出身，所以我的职业就是观察、询问别人所做的事并传达给第三方，而这些事情恰恰是与己无关的。所以直到现在，我还会把所有事情都当成别人的事。例如，《辉夜姬》的制作费用就是一个巨大的数目……

川村 的确公布过了，我记得是五十亿日元吧？

铃木 是的。这是最初公布的数字，其实准确的数字是五十一亿五千万，可能是为了凑整，就去掉零头说成五十亿了。

川村 事关五十亿日元啊，我觉得不可能当成别人的事。（笑）换成是我，肯定会疯掉。

铃木 要是把自己当成当事人，有了责任感，那就完了，根本做不下去，不能大胆行事。而且一开始，我还很不适应"电影制片人"这个称呼，因为我觉得很惭愧——自己一通忙活，却只做出这种程度的东西。

好强不服输，胆小怕赤字

铃木 就这样，我没有经过深思熟虑，就进入出版社工作了。起初被分配到《朝日艺能周刊》，要不要一直坚持做，我自己也摸不准。大约过了三四年，我开始思考："记者或编辑在以前相当于什么职业呢？"有一天我想到了："啊，是瓦版报小贩！"

川村 原来如此。

铃木 我又想："有没有哪部电影是以瓦版报小贩为主角的呢？"经过调查发现，瓦版报小贩在所有古装电视剧和电影里始终都是配角，而且必定由丑角扮演，比如渡边修三先生，还有堺正章先生的父亲堺骏二先生。当我发现"不是主角"的时候，就联想到了朋友说的那句"你是不是打算放弃自己的现实人生了？"。总而言之，尽管我意识到"配角不是男人该干的工作"，然而已经晚了。

川村 可您正是在当编辑的时候遇见宫崎骏导演和高畑勋导演的。经历过周刊杂志的工作后，您参与创办了动漫杂志《Animage》，一开始宫崎导演没有接受采访，您就等了他整整三天……这件事令人印象深刻，体现了您在三十多岁时的不凡之处。

铃木 我只是好强不服输而已。我觉得，出去采访却什么也没做成，灰溜溜地回公司，是很丢人的事，而且也觉得受到了蔑视，仿佛一旦放弃，自己就会变成一个没用的人。或者也可以说，是我爱操心吧。

川村 爱操心……真的吗？

铃木 真的。我在《Animage》当了十二年的总编，一次赤字也没有，因为每一期都会改变印刷量。当时大概能卖出四十五万册，而我凭直觉估计出下一次能卖多少，就以五千册为单位进行调整，比如下一期印四十万册，再下一期印四十三万册。我害怕出现赤字导致大家沮丧，而这种调整就是一个小小的证明，证明我胆子很小。也就是说，我没经受过挫折，抗压能力弱。从这个角度来说，电影也是如此。从《风之谷》到《起风了》，托大家的福，一次亏损也没有。而我制作电影到了第三十个年头，令我头一次感受到挫折危机的，就是这部《辉夜姬》。

川村 哪有啊。不过，这部作品倒是第一次公布了惊人的制作费用，这还真是您的风格。

铃木　多少得给自己一些压力。

川村　这可不少啦。（笑）

高畑勋和宫崎骏的制作方式完全相反

川村　《辉夜姬》非常有趣，可以当成艺术片来看，而且就原创性而言，不光是在日本电影界，在全世界或许也是绝无仅有的。《竹取物语》是情节为大众熟知的古典作品，但我在观影过程中却产生了强烈的好奇，想知道剧情接下来会怎样发展。

铃木　是吧？而且，高畑先生是个很有意思的人。大家当初讨论《辉夜姬》应该找谁来拍，我说那就让高畑先生拍吧，他却说："你说应该由我来拍，可我自己并不想拍。"后来经过多次劝说，他终于答应拍了，可是在交流剧情的时候，他却突然问我："辉夜姬为什么会在众多星星中选择了地球？"

川村　这个问题没法回答。（笑）

铃木　他就开始自己阅读原著，然后说："故事中全是接连发生的各种事件，没写辉夜姬每次是怎么想的。"后来又说："我考虑过了，辉夜姬在地球上生活了三年半，要是能知道她在此期间的心情，就能拍电影了。"

川村　原来如此。他是个全凭道理的人。

铃木 没错。所以，《辉夜姬》里就对这方面进行了描写。

川村 顺带一提，我不久前采访过宫崎骏导演，感觉他是那种边画边考虑结局的人，而高畑导演却是依道理反推来刻画场景，两个人的方式完全相反。

铃木 宫先生（宫崎骏导演）这个人，在他的首部长篇剧场公映作品《鲁邦三世：卡里奥斯特罗之城》完成的时候，也事先铺设了大量的伏笔，最后全部串联起来。一开始我也很佩服，觉得这是一部经过深思熟虑的电影，可是与他本人实际合作后我才明白，他其实是完全不多考虑的，可苦了我了。

宫崎骏的电影没有剧本？

铃木 例如，最麻烦的就是《哈尔的移动城堡》。电影到一个半小时的地方，各种事件层出不穷，我就想"怎么收尾呢"，结果不出所料，宫先生来找我问"怎么办"了。

川村 因为画手已经进入绘画流程，所以无法取消了？

铃木 是的。不过我运气好，想起了好莱坞电影《继母》。那个片子讲的是朱莉亚·罗伯茨和婚外恋情人抚养他与前妻所生的孩子，经过各种冲突之后，丈夫终于得知前妻患有绝症，他得出的结论是"情人、前妻和孩子们一起生活"。我把这个故事告诉给了宫先生，他的理解能力很强，当即就说"明白了，明白了"，于是便有了那个结局——最后所有人物都出来了。这样一来，大家也就都能接受了。

川村 我上高中时，曾一边看《天空之城》和《龙猫》，一边尝试写剧本，可我惊讶地发现，宫崎导演的作品化成文字以后，会变得相当简单，原来电影中那么大的信息量，都是靠图画补足的，其绘画实力令人惊叹。

铃木 故事情节很简单，表达手法很复杂。宫先生不写剧本，是因为他讨厌连不想画的场景也不得不设定好。可以说正因如此，才成就了那些独特的作品。

川村 没有剧本却能拍出深受大众喜爱的热门电影，遍观全球，或许也只有宫崎导演能做到了，而在他背后推动的铃木先生也很厉害。运用这种看不见目标的制作方式，您不觉得害怕吗？

铃木 比起害怕，我更感兴趣。我很好奇他会拍出什么样的东西。另外，从根本上讲，我还是个编辑，所以拍电影就像催稿件一样，得说"宫先生，差不多该考虑接下来怎么拍了"。

大家都在小心翼翼地拍电影，所以内容会与时代脱节

铃木 不过，在那个每两周就有一部电影公映的时代，剧本刚完成一半就开始拍摄的作品可谓数不胜数。例如，连环杀人犯大久保清事件发生后，大久保被逮捕，立刻就有人以该事件为题材拍

了电影。好，请问，你觉得是在几天之后首映的？

川村 通常来说，是在一年以后吧？

铃木 根据我不确切的记忆，是在几周之后。

川村 那是怎么办到的？

铃木 简而言之，就是罪犯刚被逮捕，电影就开拍了。正因为行动迅速，所以电影拍得很生动，内容也没有与时代脱节。而最近，大家都在小心翼翼地拍电影，结果统统与时代脱节了。所以认真地讲，我们必须正视这个问题。

川村 关于这一点，有件事我无论如何都想问一下，那就是《起风了》的最后一幕，据说身在黄泉的菜穗子对堀越二郎说的台词原本是"来"，直到最后一刻才改成了"活下去"。这是真的吗？

铃木 简单来说，在宫先生所画的原著漫画的最后一幕，她的确说的是"来"。但我就想，对于日本人而言，那是正确答案吗？我强烈地感觉到，逝者会一直守护在我们身旁，所以我们没必要特意去那个世界。另一方面，我也考虑到电影的宣传，想出了"一定要活着"这句话，然后制作了印有这句话的临时海报，贴在宫先生能看见的地方，结果他一看就大喊："这是啥！"（笑）

川村 因为"一定要活着"是《风之谷》最后一个镜头里出现的台词。

铃木 是的。《起风了》里还出现了"要尽力完成"这句话，从某种意义上讲，其内涵大概就是"一定要活着"。考虑到这一点，宫先生也很苦恼，最后就改成了"活下去"。

川村 就是这个！太妙了！只靠贴海报就引起了对方的注意，不用任何接触就能让对方行动。

铃木 我可什么都没做。（笑）

川村 这正是铃木敏夫风格。装作不是当事人的当事人！

铃木 大概是吧。（笑）

宫崎骏为何隐退？

川村 不管怎么说，宫崎导演的隐退实在令人震惊。

铃木 因为宫先生改不了自己的工作方式。简而言之，就是体力吃不消了。他得自己画画，对原画做出指示，还要自己修改。数十万张画，每一张都要修改。他是无法止步于画分镜的人，所以很吃力。我也没有强行阻止他。正因如此，我才对拍摄《辉夜姬》时的高畑先生的体力惊讶到了极点。他已是七十八岁的高龄，最后一个多月却完全无休，每每工作到凌晨两点。我尽管也舍命陪君子了，却累得连走路都打晃。

川村 说起高畑导演，我听说他是音乐家久石让的伯乐。

铃木 高畑先生不仅作为制片人参与了《风之谷》的摄制，音乐也是由他负责的。负责提供曲子的德间日本的唱片部门列出了著名音乐家的黑胶唱片清单，他每个都听了。我当时也陪着他，学到了不少鉴赏音乐的技巧，而他则不断给出"这个人的作品完成度很高，但不是热血型的，曲子太冷，不适合《风之谷》"之类的评价，于是清单上的名字一个个被划掉了。最后，有人推荐了当时还没出名的久石让先生，高畑先生听了他的曲子，就说："这个人有热血，可能和宫先生有相通之处。"

川村 如此说来，是高畑导演的音乐制作人般的感觉，成就了后来的宫崎·久石组合。《千与千寻》《龙猫》《悬崖上的金鱼公主》，无一不是歌曲的力量使电影和宣传的魅力倍增。我觉得，这些电影甚至可以称作音乐电影，而且没有哪家公司像吉卜力一样有意识地发挥音乐的作用。

铃木 的确如你所说，拍《风之谷》的时候，也是高畑先生主张起用管弦乐团好好演奏一把的。在那之前，日本电影从没有过先例。这么看来，没有高畑先生就没有吉卜力的音乐。

发现久石让的高畑勋的乐感

川村 这次在《辉夜姬》中，是高畑导演和久石先生结成了搭档，音乐也非常出色。

铃木 你制作的电影《恶人》，配乐的也是久石先生。

川村 没错。

铃木 久石先生通常都是给登场人物的喜怒哀乐配上音乐，但在《恶人》里，却是给完整的场面配乐，而且通过音乐整体，营造出了故事的不安感。在《辉夜姬》中，高畑先生想要的正是久石先生的那种感觉。

川村　的确，在《恶人》里，久石先生不是给登场人物的情绪配乐，而是为世界观，或者说是"恶人"这个词配乐。

铃木　那片子实在是引出了久石先生新鲜的一面。

车到山前必有路

川村　最后想问一下，我曾在别的地方看到您说"即使作品失败，也不会灰心丧气"。如果真是这样，那可太厉害了。

铃木　因为创作本身很有趣，所以我不太在意观众来不来看。总之不管什么电影，只要让它们都红起来就行。

川村　我也是只能制作自己觉得有趣的电影，而一旦开始制作就会感到苦恼，担心"这种东西谁会想看啊"，最后就变得郁郁不乐。

铃木　这种事情到公映前再去考虑就行。《辉夜姬》就是距公映还有半年时，我才觉得需要开始考虑方方面面的问题了，这才头一次担心"谁会来看"。

川村　那可是制作费用高达五十亿日元的作品啊，您就不害怕吗？

铃木　太忙了，没时间害怕。而且，正因为到了最后关头，没有退路，所以我尽量让自己处于一种较为从容的状态，这样会有一些好的想法自然而然地涌现，不然就算精神紧绷、跃跃欲试也没用。我觉得车到山前必有路，算是一种毫无根据的自信吧。

川村　您的话叫人觉得特别放心，但是绝大多数人都忍受不住恐惧，提早开始行动。

铃木　这种事急不得。

川村　我觉得在这方面，周刊杂志的编辑们在截稿日期迫近时的思考能力肯定很强，看来您的风格就是编辑式的。

铃木　我大胆说一句，西方作家都是从一开始就考虑好结局的，日本作家则多是无所事事般地走到哪儿算哪儿，《徒然草》就是一个很好的例子。这是日本的传统。比如日本的漫画连载，作者也不会事先知道结局是什么，没完结的作品也有很多。

川村　吉卜力电影没有前定和谐，这正是其有趣之处。

铃木　顺带一提，回到最初的话题，关于写我的那本书《吉卜力的风》，我在重新校对时，对自己有了一点清楚的认识，那就是我的人生毫无计划。而且我敢说，宫先生和高畑先生也一样。（笑）大家都是顺其自然的，对明天一无所知。

川村　哎呀，不愧是铃木先生。尽管完全不能作为参考。（笑）

铃木　那怎么行。（笑）总之，我还会继续制作更多的电影。让最无趣的电影大获成功，我觉得是很好玩的事。

川村　一点儿也不好玩！总是当作与己无关，太过分了。（笑）

（2013 年 11 月，于东京小金井的吉卜力工作室）

复习

铃木敏夫执掌制作费用超过五十亿日元的项目，却说"我是看热闹的"。

《风之谷》《龙猫》《萤火虫之墓》《幽灵公主》《千与千寻》《起风了》，还有《辉夜姬物语》。

日本电影制片第一人不是作为"当事人"，而是作为"旁观者"，准确地理解时代和作品，引领着高畑勋和宫崎骏。

从他的话语中，可以感受到身为"最优秀的旁观者"的热忱与自豪。

而且，与当初作为编辑去见宫崎骏，为了让对方接受采访而连续三天上门堵人的三十多岁时相比，他的态度没有丝毫改变。

访谈中，我事先准备的提问统统变得毫无意义。等我回过神来，才发现谈话完全脱离了正题，什么也没能问。走在回家的路上，我一直在反省，但是不知为何，我发现自己很愉快。这时，我突然想到，铃木敏夫不正是始终像这样打破前定和谐，让别人愉快地行动起来，使自己以外的所有人都变成"当事人"的吗？

下次再见到他，我会问问他这么想对不对。

但我觉得他肯定不会回答。

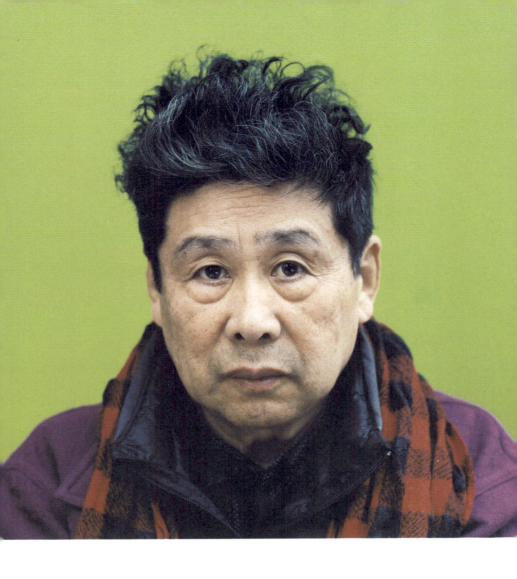

横 尾 忠 则

在崩解的感觉前方，往往能发现新的出路。

横尾忠则
Tadanori Yokoo

1936 年　生于兵库县西胁市。

1956 年　进入神户报社工作。

1969 年　获第六届巴黎青年双年展版画部门最高奖。

1969 年　自己出任主演、由大岛渚导演的电影《新宿小偷日记》公映。

1970 年　完成日本万国博览会"纤维馆"的展馆设计。

1972 年　于 MoMA 举办个人展。此后又在国内外的美术馆多次举办个人展。

1981 年　在 MoMA 观看毕加索展，发表画家宣言。

1985 年　应第十三届巴黎双年展之邀展出作品。应第十八届圣保罗双年展
之邀展出作品。

1993 年　应第四十五届威尼斯双年展之邀展出作品。

1995 年　获"每日艺术奖"。

2001 年　获颁紫绶褒章。

2008 年　以小说《蓝地》获第三十六届"泉镜花文学奖"。

2011 年　获颁旭日小绶章。获"朝日奖"。

2012 年　于神户创建兵库县立横尾忠则现代美术馆。

2013 年　于香川县丰岛创建"丰岛横尾馆"。为山田洋次导演的电影《东
京家族》设计海报。

2014 年　获"山名奖"。为巴黎卡地亚现代美术财团三十周年纪念展制作、
出品 110 人的肖像画。

预习

1	同别人合作时，您会对哪些方面格外在意？
2	三十六岁在 MoMA 举办个人展，您是如何做到的？
3	人生的转机会以怎样的形式来临？
4	当转机来临时，您是如何做出决断的？
5	您对理性和感性的平衡怎么看？
6	看似无关名声的工作也该做吗？
7	想要改变自己的时候，该做些什么？

36 岁还能在 MoMA 举办个人展的理由

川村　在这次访谈中出场的各位巨匠都对我说："你一定要见见横尾先生。"但是像我这种偏娱乐界的人，见美术界的泰斗是需要勇气的，所以有些紧张。

横尾　哪里哪里。我也是脚踩艺术和娱乐两条船的。

川村　您原本是活跃的平面设计师，现在却成为了画家。

横尾　以前没自信啊。1967 年，31 岁的我头一次在纽约举办了个人展，当时 MoMA 买下了我的全部作品。我举办个人展的画廊，汇集的都是安迪·沃霍尔、贾斯培·琼斯、罗伯特·劳森伯格等波普艺术家的海报，而我当时还是设计师的意识更强烈，所以害怕在艺术家的画廊举办个人展会原形毕露，直到 MoMA 买下我的作品，我才有了自信。

川村　当时展出的是什么作品？

横尾　绝大部分是用丝网印刷制成的戏剧海报，它们不是接受委托制作的，而是设定架空的客户后自主制作的，大概 MoMA 正是感受到了这一点吧。正是出于这些前因，五年后我才得以在 MoMA 举办个人展。

川村　我觉得，36 岁还能通过 MoMA 得到世界的认可，这正是您的职业生涯的出彩之处。听说您还在为寺山修司、唐十郎等人的地下剧团制作海报，也是自主制作吗？

横尾 很难讲。要说是用于宣传的海报吧，唐十郎先生却说"目的不是贴在街头，而是作为礼物送给受邀来宾"。所以，制作这些海报就与一般的宣传海报稍有不同，唯一的限制条件就是有截止日期。

川村 这么说来，当平面设计师和当画家的时候，情况没什么不同啊。

横尾 我当时已经在画《粉红女孩》系列油画了。我从一开始就想当画家，平面设计原本只是一种谋生手段，没想到年轻时受到好评，就成了生活的基础。不过，我没有接受过平面设计的教育，所以什么也不懂。美术教育也没接受过，全都是自学的。

川村 通过自学能去 MoMA，实在太厉害了。

"各自到此为止"的职责分担太无趣

川村 您不单与刚才提到的唐十郎等戏剧界人士合作过，还经常同各领域的人士合作，比如大岛渚等电影人，三岛由纪夫等文人，筱山纪信等摄影人。您觉得您是在和别人共事的过程中，逐渐完成了自我塑型吗？

横尾 是的。只不过，合作既不是目的，也非手段，什么也不是。因为大家都很年轻，碰到一起，自然而然就会产生共同创作的契机，合作也就水到渠成了。

川村　有时气势正盛的两个人仅是相遇，就能引爆创造力。

横尾　当时的确如此，不像现在。那样的时代没有太多的客户，自然会形成那样的人际关系。

川村　你们都是在什么地方见面的？酒馆吗？

横尾　很多社交家爱在酒席上趁着宾主尽欢时敲定合作，进而不断拓宽人脉，但我不会喝酒，所以不会去那种地方。我是个彻头彻尾的不社交家，即使被人硬拽去，也只会感到很不自在，基本上就是个旁观者，光看不说话，心里盼着快点儿结束回家。（笑）

川村　说不定大家都对您那种来路不明的状态感兴趣，所以才委托您呢。

横尾　来路很明白啊。（笑）

川村　您最近正在和山田洋次导演合作吧？我也是。您在代表作品之一《三岔路口》系列中为《东京家族》设计的海报，从电影与绘画的关系来看，我觉得非常有趣。

横尾　我出版了拍摄东京二十三区三岔路口的写真集，山田先生从中选出一张，我就把那个场景进一步画成画，并以橙色作为海报的主题色。

川村　尽管那个三岔路口在影片里并未频繁出现，但您所选择的温暖色调，甚至在某些地方奠定了电影本身的色调。

横尾　然而观众和电影制作方都不太重视海报的设计，不是吗？他们觉得，海报只是动员观众的一个手段而已，可我在设计海报的时候，却是抱着即使一个观众也没有，也要让海报成为独立作品的想法，尽力制作得更有趣。（笑）刚才也说过，我的海报设计工作起步于同状况剧场和天井栈敷①的合作，而唐先生和寺山先生根本没打算靠我的海报去吸引观众。把工作交给我这件事本身，就是他们戏剧创作的一部分。

川村　也就是说，尽管现在的作品与宣传都是分开的，但实际上，包括广告物在内的一切都是作品。我觉得这是非常理想的做法，也能在观众中得到好的反响。

横尾　是啊。有了目的就会受到束缚，而我只想让画画的自己先乐在其中就好。

川村　您的这番话可谓道出了协同创作的真谛。

横尾　如果从一开始就划分职责分担的界线，明确"各自到此为止"，那就太无趣了。试着越界多做一些，或是后撤少做一些，都很重要。我觉得，重视人际关系中的衍生物，才是真正意义上的协同合作。

在既有的自我崩解之后，往往能发现新的出路

川村　从越界的意义上，您还在三十三岁时主演了大岛渚导演的电影《新宿小偷日记》。

横尾　那次纯属意外。从事跨领域的工作，自己心中的既有价值

① "状况剧场"和"天井栈敷"均为剧团名。

会崩解。当然，那也有一种快感。

川村 我最近除了制作电影，也在创作小说和绘本，由于是未知的世界，正如您所说，自己的既有体系发生了崩解，但我没体会到快感，只觉得恐惧。

横尾 身为演员感到害怕我能理解，但我是个外行，所以不知道究竟有什么可怕的。就算被人批评嘲讽，反正我也不知道，再说那是导演的问题，因为他没有处理好我这个门外汉。要是我的演技不好，导演就该对我进行严格的特训，直到演技合格为止。

川村 有道理。

横尾 当我们被猛冲过来的失控货车或是什么东西吓得站立不稳而摔倒时，反而能看到只有躺下才能看见的景致。

川村 害怕变化的人可能有很多，不止我一个，我们这些人就觉得，还是尽量奔跑在自己能看见的道路上为好。

横尾 可是，所谓自己能看见的道路，其实也是不确定的，只是自以为能看见罢了，实际上什么也看不见。尤其我是那种期待在自己崩解的感觉前方发现新出路的人，所以通过其他方向上的尝试，前方的道路反而可能会清晰地呈现在眼前呢。

改变人生的不是思考之后的决定，而是突如其来的环境变化

川村 从平面设计师转向画家的时候，您是自断退路，迫使从前

的自己不得不崩解吗？

横尾　那是四十五岁的时候，你说的这些不是能算计出来的。在那之前，我从事了大约二十五年的平面设计工作，每次一考虑到将来，就觉得还是只能靠以前的成绩过活。这大概就是鬼迷心窍吧。

川村　鬼迷心窍地发表了画家宣言……

横尾　没错。我在 MoMA 观赏毕加索作品展的时候，场馆里极其混乱拥挤，完全动弹不得，我只好一直看着眼前的作品，直到某一瞬间，我突然就想："我要画画，我要成为画家。"可以说，当画家是冲动的产物，是人生的启示。

川村　也就是说，如果美术馆里没那么混乱，您就不会转行当画家了？

横尾　"我的画作成功也好，失败也好，都是毕加索的责任，要怪就怪他好了。"——只有不负责任地这么想，才能做出决断。

川村　毕加索的责任！绘画确实有这么大的力量。

横尾　绘画有改变人生的力量。有一位超现实主义艺术家，名叫伊夫·唐基，他有一次坐巴士，当车驶到一处公交站停下来的时候，他看到眼前有家画廊，橱窗里摆着一幅从没见过的画。为了仔细看看那幅画，他跳下了巴士。那幅画是乔治·德·基里科的作品。后来，他就成了画家。

川村　又是鬼迷心窍……

横尾　不过基本上，自己内心发生变化的时候，就是环境有所改变的时候。所以，若想改变自己，只要改变环境即可。我当初并没有想过要改变人生，要尽快停止平面设计，要去画画，只是环境的变化驱使我做出了改变。

川村 比起思考之后选择的道路，也许听从人生的启示才是正确的，但不管怎么说，把舵轮转向毫无保障的方向还是太可怕了。

横尾 善于思考并具有很强逻辑性的人，能够按条理思考事物，而我没有那样的头脑，却反而值得庆幸。（笑）

希望被自己的画吓到

川村 顺带一提，我第一次看到您的《三岔路口》时，真的被吓了一跳。可能是因为我小时候常做同一个梦，梦见自己爬上深夜中的坡道，眼前出现一个三岔路口，街灯下站着一个头戴大礼帽的男人，仿佛是从勒内·马格里特的画中走出来的。

横尾 对于三岔路口，我已经厌倦了，打算换换样式，导入其他表现形式，赋予作品故事性，或是进一步抽象化，使之变成完全不同的作品。拼贴画系列就是我四十多年前的画经过重复绘制而成的，打乱了自己的思维，不知道下一步要做什么。

川村 每次看到您的拼贴画作品，我都会被吓一跳，感受到一种强大的力量，看来正是因为其中掺杂了现实中不可能存在的东西，或是发生着现实中不可能发生的事。

横尾 这本就是个对立事物共存着的世界，街道也好，人头密集的场所也好，都是拼贴画。只是最近，它们正在变成毫无新意的现实，所以我觉得必须改变旧有想法了。我想用从没见过也从没画过的东西吓吓自己，可是很难。

川村　的确，我看到 YouTube 上有人把多部电影的片段剪接起来，做成一部影片，竟然非常有趣。要是这类东西泛滥起来，从事原创的人只怕会越来越少。绘画毕竟包含着一种很原始的东西，我想正是因为这一点，您才会发表画家宣言，光明正大地发起挑战。当今日本还有像您一样的职业画家吗？

横尾　很多人跳过了绘画的原始性，纷纷随波逐流，优先考虑"结果"。我也有创作立体作品或拍摄影像的想法，但这些愿望都能在画中实现。如果想搞建筑，可以在画中描绘自己想造的建筑。从这个意义上讲，正如莱昂纳多·达·芬奇所说："没什么比绘画更好，能接近它的至多只有音乐。"

川村　这种感觉我多少能理解一些。家父就喜爱绘画和音乐，在我小的时候，他常带我去美术馆和音乐展演空间。可能也是出于这个缘故，比起影像，绘画、照片和音乐更能给我带来工作上的灵感。

横尾　绘画这东西，可以说是怎么画也画不完的，有时候不知道该在哪里搁笔。我的画大体上就是未完成的，自以为一幅画不用五分钟就能画完，可实际上，半小时能画完都算极快了。也就是说，我觉得画画若不占用一定的时间，就仿佛是对画的失礼。其实只要鼓起勇气搁笔就行，可有时候，就是忍不住一直画到最后才大呼糟糕。

川村　这种感情不同于对绘画的热爱吧？

横尾 不仅限于绘画，对待一切事物最好都不要爱得过度。对家人、朋友、恋人的爱应该适可而止，不然就谈不上爱了，只剩下情而已。

如果一切都要和评价捆绑在一起，那就什么也不敢去做了

横尾 不过，你才35岁，还很年轻，没必要给自己定规矩，不妨多跟人接触，多做各种尝试。我三十多岁时就是这种感觉，来者不拒，做了很多不合时宜的事，不合身份的工作也照接不误。

川村 全部？

横尾 是的。失败的自己与平时的自己并不一样，所以我很好奇，期待能借此发现不同维度的自己，因此我的工作并不都和评价有关。如果一切都要和评价捆绑在一起，那就什么也不敢放手去做了。

川村 确实如此，但我好像做不到那么强悍……

横尾 强悍吗？我只是觉得"这段时间有空"，就想找点事做，用来填补这些空闲的时间和自己的现实人生。不过，现在要是被人带去什么地方，叫我"请在这里唱首歌"，我会拒绝，因为我已经懂得如何分辨了。也就是说，在很长一段时间里，我是不会分辨的。

川村 不过，至少在创作上，会分辨可能很危险。

横尾 没错。人一旦进入社会，懂得了人情世故，就会判断什么事情该做，什么事情不能做，从而变得保守。不过，假如我到了七十岁，应该还会是四十来岁的感觉。对于搞创作的人来说，不想让自己在别人眼中显得幼稚的想法是一大障碍。

川村 明白。年过四十仍活跃在工作第一线的人，都有一个共同点，就是内心还保留着童真。

横尾 这正是核心。艺术创作的核心，大概就在于幼稚性吧。直接来形容就是，幼稚性会自然而然地孕育出多样性。而一旦给幼稚性套上思想的枷锁，那就完蛋了。

川村 毕加索五十岁以后的作品，还常被人误以为是小孩子画的画呢。

横尾 以严谨的思想去画画，就没意思了。当下，不少现代美术家也会为自己的作品取证、说明，其实没必要。

不用区分凡·高和高更

横尾 还有，不知从什么时候起，人们逐渐变得相信语言胜过直观形象了，你不觉得吗？尤其是自 3·11 大地震以来，人们似乎更重视语言了。

川村 确实有这种感觉。

横尾 光靠语言，真的能拯救东日本大地震的受灾者吗？我觉得远远不够。可新闻工作还是一种语言文化啊。大众对于新闻记者所说的话、某个人所写的文字能理解，对直观的形象却完全理解不了。

川村 说句题外话，我真是受不了美术馆的语音解说。绘画所包含的意义和正解，在于观者的感觉之中，自己与画家的对话才是最有趣的。

横尾 没错没错。

川村 很多事情都是这样，明明应该向自己心中寻找意义和正解，却非要加上说明，解释画家在画这幅画的时候，是如此这般……叫人觉得这个时代真没意思。

横尾 大脑会说谎，但身体不会。观赏画作还得靠感觉，而不是靠理念。从这个意义上讲，不用区分凡·高和高更、毕加索和马蒂斯。有时候我也搞不清楚。艺术不是知识，所以有些粗枝大叶、不求甚解也无妨。

川村 我最近连画作旁边的介绍牌都不看了。（笑）

横尾 没必要看。现在的学校教育也正在将美术变成知识，这可不行。

凭感觉和经验去看，而不是用理性和知识

川村 总而言之，一旦经过文字化或知识化，就会失去本来的趣味了。

横尾 所以，你也最好跟画家和音乐家多来往。比如跟小说家接触，我和寺山修司等人就有过来往，但他的书我一本也没看。我只是接触他身上的感性部分，而不是观念部分。

川村 顺便问一下，我听说您的这间工作室是矶崎新先生设计的，那您觉得建筑家怎么样？

横尾 嗯，比小说家更富感性。（笑）像我这种人要是去搞建筑，住不了人的东西倒是能造出来，若是供人居住的房屋，技术先不谈，历史、文化等知识和教养都是必须有的。我觉得，建筑家的工作需要最大限度地把握理性和感性的平衡。不过到了这个岁数，知性、知识什么的就不需要了，因为那些东西都已经融在感觉和经验里头了。

川村 那下次能不能再约您谈一些轻松的话题呢？

横尾 嗯，我觉得跟老人接触是件好事，尤其是没长大的老顽童。

川村 我可没觉得您是老人。（笑）

横尾 你可以和山田洋次导演一起先来喝喝茶。（笑）

（2013 年 12 月，于东京成城的横尾忠则工作室）

复习

"不妨多跟人接触，多做各种尝试。"

寺山修司、三岛由纪夫、大岛渚，以平面设计与各领域的才能交锋，创造出拼贴画海报杰作的横尾忠则，36 岁时在 MoMA 举办了个人展，登上平面设计职业生涯的巅峰。

然后，在 45 岁时突然发表画家宣言。

"所谓自己能看见的道路，其实也是不确定的，只是自以为能看见罢了，实际上什么也看不见。"

说出这句话的"画家"，打算在崩解的前方发现新的出路，于是便诞生出杰作《三岔路口》系列。

分别之际，他递来一本印度制造的厚笔记本，叫我签名。

最早的署名是在 1980 年。其后历经三十余年，笔记本上写满了无数创作者的名字。就这样，横尾忠则与各种各样的人见面，摧毁原来的自己，发现新的出路，持续创作至今。

我害怕自己崩解，也没勇气踏上新的道路。然而总有一天，我将不得不迈出那一步。因为，没人知道自己眼下所见的道路是否正确。

来自印度的笔记本，仿佛正在如此悄声低语着。

坂 本 龙 一

学习是为了不照搬过去。

坂本龙一
Ryuichi Sakamoto

1952 年　生于东京。

1970 年　进入东京艺术大学就读。

1975 年　作为录音乐师开始职业生涯。

1976 年　东京艺术大学研究生院硕士毕业。

1978 年　以首张个人专辑《千刀》出道。与细野晴臣、高桥幸宏组成 YMO（Yellow Magic Orchestra）乐队。

1983 年　YMO 解散（1993 年重组）。凭借自己出演、配乐的电影《战场上的快乐圣诞》，获英国电影学院奖作曲奖等多个音乐奖项。

1987 年　凭借自己出演、配乐的电影《末代皇帝》，获金球奖等多个音乐奖项，并成为首位获美国奥斯卡奖作曲奖的日本人。

1990 年　将音乐活动的基地迁至纽约，并于当地定居。

1999 年　12cm 单曲《反面 BTTB》创下百万销量，成为首张公信榜夺冠的纯音乐专辑。

2003 年　同小林武史、樱井和寿创立一般社团法人"ap bank"，针对以自然能源为首的各类环保项目进行融资。

2006 年　反对青森县六所村落的核燃料再处理设施，开始"Stop Rokkasho"活动。

2007 年　创立森林保护团体"more tress"。

2009 年　获法国政府颁发四等艺术文化勋章。

2010 年　在 NHK 教育频道开播《Schola——坂本龙一音乐学校》节目。

2013 年　为大河剧《八重樱》制作主题音乐。任威尼斯国际电影节竞赛单元评委、山口情报艺术中心十周年纪念节艺术总监。

2014 年　任"2014 札幌国际艺术节"特邀总监。

※ 上述内容仅为部分工作。

预习

不擅长"榜样教学"

坂本　你喜欢音乐吗？

川村　可能比本职工作拍电影更喜欢。我出生后听见的第一首音乐，就是 YMO 乐队的作品，家父每天都会播放您的首张专辑《千刀》，所以据说我到两岁时，就会跟着您的音乐跳舞了……

坂本　荣幸之至……我创作的几乎都是流行古典音乐，但说来有些惭愧，我最初喜欢听的音乐是门德尔松那首著名的小提琴协奏曲。小时候有个喜爱音乐的大叔邻居，他的房间里有一架钢琴，我记得自己每周去他家玩，都会拽出唱片，攀着钢琴爬到高处，把唱片放在老式留声机上播放。我真的很想说"最初喜欢的是德彪西"，那样显得多有范儿呀，可惜不是事实。（笑）

川村　这么说的话，除了您的音乐，我还是听着德彪西和埃里克·萨蒂长大的。所以直到现在，不管是摇滚还是哪种类型，如光影交织般的音乐最吸引我。

坂本　没有阴影就没意思了。人类也是如此，可偏偏每个时代都不乏那种完全充斥着活力的音乐，真受不了。（笑）

川村　明白。（笑）前段时间有 Cornelius，最近有相对性理论乐队，我听了他们出道后的音乐，觉得非常棒，后来又听说您称赞了他们的作品，就特别开心。对于搞创作的人来说，这会使人勇气倍增，因为日本人似乎有种倾向，就是不爱称赞同领域的后辈。

坂本　不光是对后辈，日本人就是不擅长称赞别人。前阵子我在某地演出，结束之后，工作人员一起办了个庆功宴，结果一个夸我的人也没有。（笑）我有些沮丧，以为自己的演奏很差劲，直到庆功宴散场，我收到一条短信，说"演出太棒了"，我心想"你倒是早说啊"。（笑）

川村　除了称赞，还有教育。您在 NHK 主讲的音乐节目《Schola》就很好看，这两方面您都很擅长呢。

坂本　我那个节目拟定面向的对象是中学生，目的就是打基础，希望他们以后发现了喜欢的音乐，自己就能逐渐去追求。我不擅长"榜样教学"。

川村　其实我也一直对那种风气感到不满。

坂本　我当初受教的时候，老师就没有把自己树立成光辉的榜样，而是教我如何自己找到音乐世界的入口。

实现"童年梦想"有趣吗？

川村　顺便问一下，从受教的意义上讲，您在艺大就读期间，是怎样学习的？

坂本　我光出去玩了，几乎没怎么上过课。我所在的音乐班，学生似乎多是良家子女，有一种脱离现实的氛围，我跟他们合不来，就总是混在过道另一侧的美术班里，朋友也都是那边的。当时认真画画的人，二十个里大概只有一个，大家都在胡闹，有当暗黑舞者的，还有去大街上敲锣打鼓为商家做宣传的，不像最近的学生，遇到教师停课会发火，理由是"收了学费就请好好上课"。

川村 我上大学时也组过乐队，拍过电影，当过背包客，就是没正经上过课。

坂本 是啊。虽然这么说要对认真上音乐学校的人道声抱歉，但绝大多数人是学不到什么东西的。（笑）除了演奏家和作曲家。在任何国家都会被称赞"哇，这个人真棒"的人，比如音乐世界里的工程师，基本上都不去上学。

川村 结果反倒是弃学务工的人更厉害。

坂本 没错。我很喜欢的一个德国工程师，处事就很冷静，技术和能力也很强，只是才二十四岁就已经像个大叔了。（笑）我问他怎么回事，他说"从十四岁就进入现在这个世界了"。英国人也有很多是他这种类型的，我觉得大概是因为他们的社会较少存在"必须念个好大学才行"之类的压力，再就是因为老师往往会让他们尽早思考自己想成为什么样的人，知道为此需要准备哪些知识和技术。

川村 您是在什么年纪决定要当音乐家的？这是您童年时的梦想吗？

坂本 我不得不承认，是在二十七岁开始组成 YMO 之后。因为完全没想到那么受欢迎，一下子就出名了。

川村 一边举办着华丽的世界巡演，一边觉得"没办法……怎么就成音乐家了呢"。（笑）

坂本 嗯。不过，我周围一些很有趣的熟人，几乎没有人是从童年时就觉得"这就是我的梦想"的。比如你，很久以前就想拍电影吗？

川村 本来只是喜欢看，所以我一直觉得不拍电影肯定很幸福，谁知道最后还是带着苦恼走上了这条路……

坂本 我也从来没想过要当音乐家，可是想糊口只能靠音乐，从这个意义上讲，算是现实对我的认可吧，使我不由自主地成了音乐家。（笑）

真正的音乐能听出创作者的切实人生和价值观

川村 二十七岁组建YMO，迅速在全球大红大紫。在那五年左右的活动期间，您曾觉得自己是在做着了不起的事情吗？

坂本 组成YMO之前，我干的是录音师和编曲的工作，非常忙碌。后来遇见乐队其他成员，决定组成乐队，但我那时非常狂妄，觉得滚石也会来找我制作音乐。

川村 真是意气风发啊。（笑）

坂本 明明毫无根据。（笑）我从没想过要红，但也曾觉得，如此先锋的音乐，只有我们和德国的发电站乐队在创作，没有人比我们走得更远。事实上，首次世界巡演的第一站是伦敦，当时有一对男才女貌的英国夫妇在舞池里跳了起来。看着他们我就想，能

让那样一对璧人随着音乐舞动，我们真是太厉害了。（笑）

川村 自 YMO 之后，日本几乎没出几个能让我体会到那种感觉的音乐家。日本传统音乐和西洋音乐我听得一样多，并不觉得日本音乐落后。例如鱼韵乐团创作的音乐，可能会存在语言上的障碍，但其旋律足以征服全世界的听众。

坂本 欧美的音乐，无论摇滚还是电子合成乐，并不是说都很出色，在技巧上也没有多少出奇之处，日本也有许多年轻人的水平足以走向世界。只不过，有些东西不是光听表面的声音就能懂的。

川村 明白。旋律和技巧等表象之下潜藏着历史积淀而成的音色和乐感。电影《告白》的配乐是由传声头像乐队提供的，我在选曲时的感觉是，在众多歌手之中，传声头像乐队的曲子开始播放的瞬间，就流露出了某种与众不同的特质。

坂本 或许是音乐在不同社会中的价值有所不同吧。像摆乐高积木一样，只把音符组合起来，并不能形成好的音乐。说句可能很俗的话：区别在于认真度。例如，在二十世纪六十年代的美国，黑人的社会地位还很低，他们要想在社会上成功，只能成为音乐家或拳击手，没有第三条路可走。一旦失败，一辈子只能当个门房。即便是现在，英国等国家还是极端的阶级社会，美国的贫富差距也越来越大，生活很不易，所以大家做音乐的态度也就格外认真。我觉得，差距正是源自于此。

川村 大概事关出人头地吧，真的很难用语言来准确描述。

坂本 关键在于有什么寄托和追求。我觉得，真正的音乐应该能听出创作者的切实人生和价值观。

为了从事富于原创性的工作，需要向过去学习

川村　据说您在接受《战场上的快乐圣诞》的出演邀请时，曾向大岛渚导演提条件，说"我可以演，但配乐也得让我来做"。这件事都成传说了。

坂本　是我说的。（笑）

川村　您当初也想做电影音乐吗？

坂本　与其说是想做，不如说是觉得应该做，尽管我既无经验又没有知识。我就够鲁莽的了，当场一口答应的大岛导演更鲁莽。

川村　而且我听说，您为了作曲，花了很大力气研究电影音乐，找出了"在影像力量薄弱的地方配上音乐"这一共通点。我觉得，实际上很少有人会研究到那种程度。

坂本　是吗？

川村　也就是说，在掌握了电影音乐要义的基础上，该创新再创新，只有这样才能诞生原创性，可是很少有人意识到这一点。

坂本　无论音乐还是电影，都存在一个庞大的历史，那就是过去的作品。可以说，无论如何都会受到它的影响，而且不受影响也不行。在此基础上，才能发生对话，比如"这个跟那个很像，还是算了"。即使拼命想要自己思考发明，往往还是难免会跟别的东西相似。所谓创造，便是如此。

川村　有的人却说，在一张白纸上想到什么画什么，就是创作……

坂本 那可不行。学习是要了解过去，为了不照搬过去，为了创造独属于自己的东西。即使无法保证真能做到，也得以此为目标才行。

川村 我也这么觉得。空口白话"向过去学习"的人很多，可具体教导"为何学习、如何学习"的人实在太少了。

作品的好坏跟创作时间长短无关

川村 您移居纽约，是为《末代皇帝》制作原声音乐之后。您之所以离开日本，是觉得东京或日本人变得没意思了吗？

坂本 不知道咋回事就去了。（笑）移居那年我三十九岁，是1990年，经过了二十世纪八十年代鼎盛期的纽约正处于沉沉死气之中，所以从时机上讲，当时搬过去是相当蠢的。但反过来说，比起住在东京，我在那边至今仍能过着安静而又孤独的生活，感到很庆幸。

川村 果然孤独还是必不可少的？

坂本 因为我的意志力很薄弱，如果周围充满诱惑，我会把持不住。比方说，去纽约前的两年间，我和当时的角川书店编辑、现在的幻冬舍社长见城彻几乎每晚都会喝通宵。

川村 那很不错啊。你们每天见面都聊什么？

坂本 记不清了，不外乎就是些全无用处的高谈阔论。不过，要是没有那些饮酒作乐，也不会有那段时间创作的音乐了。这就是"该学学，该玩玩"。做不好这两点，工作就没精神。那段时间，我的工作量真的很大。

川村　那是三十多岁的时候吧？

坂本　是的。过了四十岁，就开始老化了。（笑）婴儿呱呱坠地，直到二十岁之前，身心一直都在变化，但是从二十岁以后，成长就停止了，年过四十开始衰退。所以说，假如人生能活八十年，平坦的时光也只是从二十岁到四十岁，不过二十年而已。正因如此，三十多岁时真的没时间睡觉。

川村　这么说起来，秋元康先生也叫我"别睡觉，要工作"。（笑）

坂本　《末代皇帝》找我，最初也是想让我出演一个角色。贝纳尔多·贝托鲁奇导演突然给我打来电话，叫我"下周来北京"，我说"日程安排不开"，他竟然说"统统取消"。（笑）不过，我还是去了。

川村　无法取消眼前工作的人可不行。

坂本　是啊。而且，配乐也是在拍摄结束几个月之后，导演又突然给我打电话说"在下周之前把音乐做出来"。（笑）结果我只好取消巡演，当时连票都卖完了。

川村　原来如此。但多亏这么一来，才获得了奥斯卡奖。叫对方多给些创作时间是不可能的。

坂本　作品的好坏跟创作时间长短无关，半年和一周所做的事情几乎相差无几，况且很多人都会拖延到截止日期临近才开始工作。

工作中的"吃香障碍"

川村　自您移居纽约已过了二十年，您应该能客观地看待东京和日本人了，觉得有什么变化吗？

坂本　比如大岛导演的《日本的夜与雾》和《青春残酷物语》等电影里出现的粗鲁的日本人，明显已经没有了。还有脸也变了。从辈分上算，我都是上一代人了。

川村　原来如此。

坂本　也就是说，风景看似变了，实则并无多大变化，倒不如说人更易变。

川村　的确，人脸像被漂白了一样。在您那个时代常有的艺术气息浓厚的长发男子，在我上大学时就几乎已经绝迹了，因为不吃香……

坂本　是不吃香。

川村　短黑发的男生吃香，因为女生都比较保守，他们知道投其所好。（笑）

坂本　真没出息。

川村　要让二十多岁的男生无视自己吃不吃香地活着，也是难为他们……

坂本　说到吃香，我想起创作《千刀》的时候，我带着完成的唱片到我每天都去玩的咖啡酒吧，让店员播放，结果被店里的人说

"你这曲子不吃香的"。

川村 连去那里也能碰壁！（笑）

坂本 对。（笑）因为我以前一直没有那个概念，就问他们："你们都是为了吃香才做音乐的？"他们回答："那当然了。"我很震惊。在那之后没多久，我在创作时就开始考虑"吃不吃香"的问题了。

如何跨越"日语障碍"走向世界

川村 您以前在一次采访中说过："从创作的角度讲，在日本一个国家卖出一百万张唱片，不如在十个国家卖出十万张。"这句话令我茅塞顿开。不过，日本人若是当真想以此为目标，还是必须抛开日语才行。最近，日本人强烈地感受到了通向世界大门前的"日语障碍"，出品的电影也多了许多动画片，因为动画片能让日本人在美术上发挥强项，也便于用外语配音。

坂本 日语障碍确实存在。不过，我在2013年威尼斯国际电影节上观看的金基德导演的电影，几乎没有台词，却十分有趣。而且，韩国人的英语也说得不太好。日本人口说少也不少了，国土面积也不算很小，所以不管什么产业，只要在国内吃得开就行。而韩国人口很少，所以不能只在国内发展。从这个意义上，我觉得他们很顽强。

川村　就是说不得不走出国门。

坂本　YMO 之所以能在全球获得一定程度的欢迎，一个很重要的原因是，YMO 的音乐是以器乐为核心的，重点不是让人们听其中的信息，语言也只相当于装饰品。

川村　也就是说，是音乐带来了超越语言的愉悦。

把已故伟人当成对手

川村　您现在有竞争对手吗？

坂本　无论音乐还是电影，我几乎都是在和已故的伟人们对话。泛泛之辈所在多有，所以"不能向下看"是我的戒律。日本有句老话叫"不能光向上看"，但是就创作而言，不能向下看才是对的，否则一旦觉得比下有余而自我满足，那就完了。

川村　说到与过去的伟人对话，有一部音乐家传记电影我很喜欢，叫《莫扎特传》。

坂本　那部电影拍得很好。莫扎特生在那个为资助人写音乐的时代，只有最后三首交响曲是为自己创作的。他创作着超前于时代的音乐，自己组织了音乐会，可是没人来听，遭遇了大失败，落魄潦倒，不得不借钱生活，最后在创作遗作《安魂曲》的过程中，眼看着死神一步步逼近。电影运用音乐的效果很好，只是有些过于煽情了。

川村　顺带一提，如果说能把哪位日本音乐家拍成那样的电影，我觉得非您莫属。

坂本　也许吧。（笑）

川村　这类电影的一个优点在于，只要播放音乐家创作的乐曲，就不需要台词了，成了音乐剧。

坂本　因为乐曲会讲故事。

川村　还有，您的相貌实在是太好了，像雷·查尔斯等人一样，天生就该拍成电影，所以您能不能让我为您拍一部传记电影呢？

坂本　请随便拍。（笑）

川村　谢谢！不过，要想拍出优秀的电影，就得从现在开始，请您像莫扎特一样，在戏剧性的环境下创作出名曲，这样才能在结尾营造高潮。

坂本　看来只能请你为我设定一个无限长的截止期限了。不过，我会尽力而为的。（笑）

（2013 年 12 月，于东京六本木的东京君悦酒店）

复习

坂本龙一说："为了从事原创性的工作，需要向过去学习。"

二十多岁时组建 YMO，完成世界巡演。三十多岁时接到《末代皇帝》导演的邀请，取消巡演，在一周之内完成配乐创作，勇夺奥斯卡奖。为了创作原创作品，"教授"一边与世界拼斗，一边不断学习。

分别之际，他把最新的个人专辑送给了我。这张专辑收录了他迄今为止的所有乐曲，由管弦乐团全程演奏。

坐在回家的电车里，听着这张专辑，我不由得挺直背脊，浑身肌肤战栗。那些音乐本是我从小听到大的，然而这次重听，我竟然从中感受到一种强烈的仪式感。那正是"古典音乐"本身。

坂本龙一的音乐奏响在不断积累至今的历史的最前沿。"教授"早已开始"与过去的伟人们对峙"。于他而言，莫扎特、德彪西等人是亦师亦敌的存在。

如果有一天，我能制作坂本龙一的传记电影，我想使用足以超越莫扎特《安魂曲》的杰出名曲作为结尾。

只要不断同过去的伟人较量，总有一天，坂本龙一会创作出名垂青史的杰作。我对此坚信不疑。

后　记

访谈数月后，山田洋次导演给我打来电话。

他当真实现了当初所说的构想——"组织供不同代人交流的电影沙龙"。

从那以后，每两个月一次。

以山田洋次、大林宣彦导演为首的电影人齐集涩谷。

这位言出必行的巨匠在沙龙上不断向年轻导演发出提问。

还想学习，还想工作，还想进步——这些热情在他身上洋溢四射。

一年之间，我接连采访了十二位巨匠。

"像我这么大的时候，您在做什么？"

没有一个人对自己的故事夸夸其谈。

迄今为止做了什么样的工作？从今以后想做什么样的工作？

每个人最后都谈到了"未来"。正是那样的态度，使他们成为特殊的存在。

为什么要一直工作？

他们肯定知道理由——

使人生变快乐的正是"乐业"。

但同时我想，

也许是因为时代不同了。

如今，所有常规领域都已被人开拓。

胜负已然显而易见。

无论是改变自己，还是改变世界，都不容易。

此时我突然想到：

"心生放弃之念的那一刻，比赛就结束了。"

《灌篮高手》第六十九话。

比赛眼看就要结束时，安西教练对打算放弃取胜的三井寿如此说道。

一年之间。

我还分别问了十二位巨匠另一个问题：

"在工作中遇到烦恼、感到辛苦的时候，您是如何跨越过去的？"

通过模仿去学习；让自己一直是门外汉；正视自己的原体验；

逼迫自己坚持；不纠结于犯错；用自己的眼睛观察事物；

使生活变得有趣；接纳世界；探究集体无意识；

当个旁观者；在崩解的前方找到出路；为原创而学习。

每个人都找到了适合自己的方法，成功跨越了障碍。

他们从经验和失败中得出自己的信念，使工作成为"乐业"。

方法并非只有一种。

因人而异。

答案在任何商业书籍里都没写。

只能在工作过程中发现独属于自己的"乐业"。

我觉得，直到今天，我才看见了工作的真正意义和严峻形势。

我觉得，自己每次都不得不面对这个问题——"你正在做的是'乐业'吗？"

貌似自由实则不自由的现代。状况依然严峻。

机会迟迟不至。身边的人际关系很不理想。

即使收获了成功，仍有失败潜伏在不远处。

然而，我们只能工作。

即使慨叹，纵然悔恨，也无济于事。

只能边工作边寻找答案，尽力使工作成为"乐业"。

因为，心生放弃之念的那一刻，比赛就结束了。

最后。

山田洋次先生、泽木耕太郎先生、杉本博司先生、仓本聪先生、秋元康先生、宫崎骏先生、糸井重里先生、筱山纪信先生、谷川俊太郎先生、铃木敏夫先生、横尾忠则先生、坂本龙一先生

真的感谢你们。

多亏你们的教诲，我现在无比渴望从事"乐业"。

图书在版编目（CIP）数据

乐业 /（日）川村元气著；程亮译 . -- 成都：四川人民出版社，2018.5
ISBN 978-7-220-10749-8

Ⅰ . ①乐… Ⅱ . ①川… ②程… Ⅲ . ①文艺工作者—
访问记—日本—现代 Ⅳ . ① K833.135.7

中国版本图书馆 CIP 数据核字 (2018) 第 062818 号

四 川 省 版 权 局
引进版权登记备案号
图 字：21-2018-99

LEYE

乐业

著　　者	［日］川村元气
译　　者	程　亮
筹划出版	银杏树下
出版统筹	吴兴元
特约编辑	王　頔
责任编辑	唐婧　熊韵
封面设计	墨白空间·韩凝
装帧制造	墨白空间
营销推广	ONEBOOK

出版发行	四川人民出版社（成都槐树街 2 号）
网　　址	http://www.scpph.com
E - mail	scrmcbs@sina.com
印　　刷	北京盛通印刷股份有限公司
成品尺寸	143mm × 210mm
印　　张	6.25
字　　数	127 千
版　　次	2018 年 7 月第 1 版
印　　次	2018 年 7 月第 1 次
书　　号	978-7-220-10749-8
定　　价	49.80 元